10대가
꼭 알아야 할

세계의
민주
주의

10대가
꼭 알아야 할

세계의
민주
주의

이진 지음 · 홍지훈 그림

세상의 주인인
우리가 반드시 알아야 할
민주주의 사용법

차 례

①

민주주의와 인권의 적, 전쟁

우크라이나 전쟁을 통해 생각해 본 민주주의

②

세계 시민이 함께 지키는 민주주의

민주 사회를 되찾기 위한 미얀마 사람들의 투쟁

⑤

청소년이 만드는 민주주의

함께 이야기할수록 튼튼해지는 민주주의

민주주의에 대한 여러분의 의견을 묻습니다

여러분, 사회 문제에 대해 여러분의 의견을 물어보는 어른이 있었나요? "아니요"라는 답변이 들리는 것 같습니다. 사람民이 세상의 주인主인 제도가 민주주의民主主義라는데, 왠지 청소년은 주인이 아닌 것만 같아요. 이 세상은 어른들이 자기들만의 생각으로 만들어 가는, 어른들만의 세상처럼 보입니다.

하지만 그런 세상은 이상합니다. 우리나라는 민주주의 국가라고 배웠기 때문이죠. 민주주의 제도에서는 목소리가 크지 않고 약한 사람들도 존중받아야 한다고 하잖아요. 그러니 민주주의 사회에서는 어린이와 청소년의 목소리에 더 귀를 기울여야 하지 않을까요?

더 넓은 세상으로 시선을 돌려 볼까요? 민주주의와 인권 침해의 가장 큰 희생자 역시 어린이와 청소년입니다. 제가 이 책의 원고를 쓰고 있는 순간에도 이스라엘과 팔레스타인 사이에 벌어진 전투와 폭격 속에서 많은 어린이 및 청소년의 삶과 꿈이 희생당하고 있습니다. 민주주의가 파괴될 때, 인권이 박탈될 때 청소년은 자신의 미래를 그릴 수 없습니다. 여러분이 문제의 당사자입니다. 청소년은 세상에 대해 말하고, 세상을 바꿀 권리가 있습니다.

매일 학교 수업에서 '민주주의'나 '인권'처럼 역사와 정치, 교육에 걸친 중요한 주제에 대해 배울 겁니다. 하지만 시험 문제에 나오거나 입시와 관련될 때에만 그 이야기들을 중요하게 다루는 건 아닐까요?

'난민'과 '전쟁', '분단'과 '통일' 같은 첨예한 주제에 대해 시험 답안지에 적을 정답을 외우는 동안, 진짜 자신의 생각을 털어놓을 사회적 공간은 인터넷 댓글 창의 네모 안에 갇혀 버린 것이 아닐까요? 그리고 이런 문제들은 청소년 여러분이 어른이 되면 사라지는 것일까요?

세월이 흘러 어느 날 문득 성인이 된 여러분을 세상은 어른으로 대하겠지요. 하지만 여러분이 과거의 저처럼 세상과 삶에 대해 진지하게 고민해 보지 못한 채 설익은 어른이 되어 버리지 않길 바라요. 10대 때 미뤄 둔 문제들은 어른이 되어서도 똑같이 우리에게 질문을 던지고 있을 테니까요.

어린이가 청소년이 되고, 청소년이 어른이 되는 과정은 그 시기를 명쾌하게 나눌 수 없는 연속적인 순간들로 이루어집니다. 어른도 어른다운 모습을 갖추기 위해 끊임없이 공부하고 토론하며 스스로를 되돌아보아야 하죠. 우리는 어떤 시기이건 나와 우리의 삶이 세상과 어떻게 연결되어 있는지 관심을 가져야 합니다. 자신을 둘러싼 세상의 문제에도 눈을 똑바로 떠야겠지요.

많은 나라에서 청소년은 이미 정치의 당사자이자 주체입니다. 우리나라에서는 만 18세부터 선거권을 행사할 수 있지요. 독일에서는 유럽의회 선거 등에서 만 16세 청소년이 투표권을 행사할 수 있도록 더욱 적극적인 개혁을 추진하고 있습니다. 이곳의 청소년은 정당에 가입하거나 시위에 나서기도 하고, 학교 안팎에서 다양한 관계를 맺으며 저마다의 생각을 펼치고 있습니다.

독일의 유명한 정치가들은 대부분 이렇게 10대 때부터 정치적 역량을 키웠습니다. 청소년 시절에 스스로 정치적 기본권을 행사한 경험이 있기에 독일 정치인들은 기후 위기와 관련해 늦장을 부리는 정치권에 대한 청소년들의 비판에 매우 민감하지요.

우리 사회와 기성세대, 정부도 청소년들의 목소리를 두려워했으면 합니다. 사실 우리나라에서도 식민지 시절 3·1 운동은 물론 대한민국 정부 수립 후 역사의 고비마다 청소년들이 어른 못지않은 성숙함과 용기를 보여 주며 사회를 바꾸는 데 큰 역할을 했습니다. 이런 사례들은 청소년 여러분이 문제의 진정한 본질을 더 잘 파악할 수 있다는 걸 보여 줍니다. 여러분이 우리 사회, 그리고 세계가 직면한 문제와 그 해결책을 진지하게 고민해 보길 부탁해요.

독일에는 '교육'이라는 뜻을 지닌 단어가 2개 있습니다. 보호 속에 키우고 길러 낸다는 의미의 '에어치웅 erziehung: 육아, 훈육'은 유치원에서 많이 쓰는 단어입니다. 하지만 청소년과 성인을 대상으로 할 때는 '빌둥 bildung'이라는 단어를 씁니다. 민주주의 시민 교육(정치 교육), 성인 교육, 성장 소설 같은 말에 사용하는 단어가 바로 이 '빌둥'입니다. 이 말에는 교육을 통해 사람이 성장하고 변화하며, 이를 통해 사회와 문화도 함께 발전한다는 생각이 담겨 있습니다. 이 책이 여러분에게 혹시 '교육적'이라면,

바로 이런 의미에서이길 바랍니다.

가르침이 아니라 생각을 나누는 방식으로 민주주의와 인권에 대해 함께 이야기해 봐요. 이 책의 한 페이지 한 페이지는 글로 담은 생각들에 대한 여러분의 의견이 무엇인지 묻는 질문이랍니다. 스스로의 생각을 민주주의라는 캔버스 위에 멋지게 펼쳐 보라는 초대장입니다.

여러분이 세계 시민입니다. 세계 곳곳 우리 이웃들의 이야기를 읽고, 함께 느끼고, 무엇보다 더 좋은 질문을 던져 주세요. 이 책을 읽는 경험이 여러분과 우리 사회의 성장을 돕고, 이 세상을 더 나은 곳으로 만드는 과정이길 기원합니다. 지금, '세계의 민주주의'를 만드는 사람은 바로 여러분이니까요!

1   이야기 속 사람들에게 집중하세요

이 책에 실린 사람들의 이야기는 가능한 한 제가 직접 인터뷰하고 경험한 내용을 바탕으로 쓴 거예요. 중요한 것은 여러분이 여기서 그치지 않고 더 많은 사람의 구체적 이야기를 찾아보는 거예요. 교과서 속 건조한 지식이 사실은 진짜 사람들의 삶과 꿈을 담고 있다는 점을 알게 되었으면 좋겠어요.

2   사건의 결과가 아닌 과정을 살펴보세요

책에서 다루는 이야기들의 결과에 대해 정확하게 아는 것도 중요하지만, 어떻게 그런 일들이 생겼는지 파악하는 것도 중요해요. 더불어 비극적 사건이 벌어진 후 사람들이 어떻게 그 상처를 어루만지고 기억하는지, 이런 비극에 책임 있는 사회는 어떻게 반성하고 화해를 모색하는지 알아보세요.

민주주의는 결과가 아니라 과정이에요. 언제든지 더 좋아질 수도, 더 나빠질 수도 있죠. 그렇기 때문에 매일매일 민주주의를 실천하는 노력을 하지 않으면 더 나은, 더 튼튼한 민주주의로 나아갈 수 없어요. 이 책을 읽으면서 그런 과정을 함께 고민하고 경험해 봤으면 좋겠어요.

3   감상도 의견도 토론도 자신의 말로 표현해 보세요

이 책에 담긴 이야기들을 읽은 후 그저 놀랍고 안타까운 감정을 느끼는 데에서 한 걸음 더 나아가 왜 안타까운지, 어떤 부분이 놀라운지 구체적으로 표현해 보세요. 그리고 무엇을 어떻게 바꾸어야 그런 안타까움과 놀라움이 덜어질지 생각을 모아 보세요. 이야기 속 당사자들을 돕기 위한 새로운 아이디어나 지식을 결합시켜 보다 나은 해결책이나 접근 방법은 없는지 이야기해 보세요. 여러분의 언어로 상대방과 생각을 나누고 설득해 보세요. 그러면 여러분 자신이 실천할 수 있는 해결책이 나올 수도 있을 거예요.

4 어른보다 더 어른스럽게 고민하고 발언하는 자리를 만들어 보세요

"청소년이 민주주의와 인권 위기의 당사자"라는 말은 어떤 문제를 해결하는 데 청소년도 함께 고민하고 발언할 수 있어야 한다는 뜻입니다. 그런데 우리 사회에는 전쟁과 기아, 난민과 기후 위기, 차별과 혐오 같은 심각한 주제를 청소년과 함께 이야기하는 건 적절치 않다는 생각이 퍼져 있는 것 같아요.

청소년기는 주체적 성인으로 나아가기 직전의 중요한 단계입니다. 자신과 사회가 직면한 상황에 대해 치열하게 고민하고 성찰함으로써 비로소 부모 의존적 시기를 벗어나 진정한 성인이 되는 것이지요.

이 책을 활용해 청소년들이 학교와 가정 그리고 사회에서 더 고민하고 토론하는 공간이 만들어지길 바랍니다. 이를 통해 서로의 존재를 인정하고 서로의 차이를 상처 주지 않는 방식으로 표현하는 능력, 갈등 속에서도 현명한 접점을 찾아내는 능력을 기를 수 있을 거예요. 나와 너 그리고 우리의 목소리가 모두 들리는 사회가 민주주의 사회입니다.

1

민주주의와 인권의 적, 전쟁

우크라이나 전쟁을 통해
생각해 본 민주주의

전쟁은 평화롭게 살고 있는 사람들의 삶을
어느 날 갑자기 무너뜨려요. 전쟁이라는 장기판에서 사람들의 삶은
보이지 않죠. 또한 전쟁은 이제 어느 한 나라만의 위기가 아닌,
전 세계적 위기를 만들어 내고 있어요.
지구촌 시대의 세계는 서로 밀접하게 연결되어 있기 때문이죠.
1장에서는 전쟁이 어떻게 민주주의와 인권을 위협하는지 살펴보고,
우리는 이에 맞서 어떻게 행동해야 하는지 생각해 볼 거예요.

" 전쟁만은 안 돼요 "

여러분은 뉴스를 통해 전쟁이라는 단어를 자주 들었을 거예요. 아무리 전쟁이라는 단어가 흔해졌다고 해도 전쟁에서 비롯된 비극의 무게가 가벼워지진 않습니다.

전쟁이 벌어지면 평화롭게 살던 이들에게 매우 낯선 일들이 일어나요. 영화에서만 보던 탱크가 등굣길을 지나가고, 하늘에선 전투기가 요란한 소음을 내며 날아다닙니다. 사람들은 그때마다 두려움에 떨며 안전한 곳을 찾아 숨습니다. 에어 쇼에서 보았던 멋진 비행기가 이제는 굉음을 내며 우리를 향해 미사일을 쏠지도 모르기 때문입니다.

제가 만난 난민분들은 과거의 사진과 현재의 사진을 번갈아 보여 주며 말했습니다. 폭격으로 폐허처럼 변한 건물이 불과 몇 주 전 사진에는 자기가 다녔던 학교였고, 이웃이 살던 집이었다고요. 사이렌이 울리면 사람들은 좁은 계단을 따라 허겁지겁 지하실로 대피해요. 창틀이 바람에만 흔들려도 모두 바닥에 엎드리지요. 어른도 아이도 전에는 아무렇지도 않았던 것에 두려움을 느끼게 되는 것이 전쟁입니다.

전쟁을 시작하는 이유는 다양합니다. 맞닿은 국경의 땅이 자기 것이라고 주장하거나, 서로 적대적 나라 사이에 오래 묵은 갈등이 쌓이다 못해 폭발하기도 하죠. 석유 같은 에너지 자원이나 식수와 농업용수로 쓸 수원水源의 주인이 누구인지, 누가 얼마큼 이용할지를 놓고도 전쟁이 벌어집니다. 민족 또는 종교 간 갈등이 복합적으로 얽혀서 전쟁이 일어나기도 하지요.

이렇듯 원인은 다양하지만, 모든 전쟁에서 항상 똑같이 벌어지는 일이 있습니다. 성별과 나이를 가리지 않고 수많은 사람이 생명을 잃는다는 것입니다.

잠시 일상으로 돌아와 볼까요? 사람을 죽이는 행위는 어느 사회에서나 가장 중대한 범죄로 처벌받습니다. 그

런데 전쟁에서 사람을 죽이는 것에 대해 사람들은 당연한 일이라고 생각하는 것 같습니다.

참 놀랍고 이상한 일이죠? 군복을 입고 군대의 명령을 받으면 그 군인이 쏜 총으로 다른 사람이 사망해도 문제가 되지 않습니다. 오히려 총을 쏜 군인은 훈장을 받을지도 모릅니다. 바로 그런 일을 잘하는 것이 전쟁에서는 중요하기 때문입니다.

전쟁을 도발하는 사람들은 인간의 목숨을 대수롭지 않게 여깁니다. 그들은 인간의 목숨보다 더 중요한 목적이 있다고 믿지요. 숲에서 도심에서 시냇가에서 사람들이 죽어 가지만, 전쟁이라는 장기판에서 그들의 삶은 보이지 않습니다.

사람들은 살면서 서로 부딪치고 갈등합니다. 모두가 각자의 꿈과 욕망을 추구하기 때문에 그런 충돌이 일어나는 것은 당연하죠. 하지만 그게 아무리 중요하다고 해도 그걸 이유로 다른 사람의 생명을 앗아서는 안 됩니다. 우리가 전쟁을 막아야 하는 이유도 여기에 있습니다.

전쟁에서는 사람들이 당연하게 지켜 온 첫 번째 규칙, 즉 자기 생명을 안전하게 보장받는 만큼 남의 목숨도 해쳐서는 안 된다는 기본적인 약속이 지켜지지 않습니다.

이 때문에 모든 전쟁은 잘못된 것이고, 벌어져서는 안 되는 일입니다.

특히 다른 나라를 침략해 전쟁을 일으킨 국가와 정치인은 용서받지 못할 큰 잘못을 저지르는 겁니다. 상대방 국민의 생명뿐만 아니라 자기 나라 사람들까지 무수히 희생시키면서 얻어야 할 가치는 과연 무엇일까요? 인간의 생명권보다 소중한 것은 없습니다. 전쟁을 반대하는 것은 인권 중에서도 가장 기본적 권리, 즉 생명권을 지키기 위해서입니다.

" 전쟁은 전 세계를 위기로 몰아가요 "

여러분이 뉴스를 보지 않는다면 현재 전 세계에서 전쟁이 계속 일어나고 있다는 사실을 모를 수 있어요.

유럽과 중동에서는 큰 전쟁이 진행되고 있어요. 2023년 10월에 시작된 이스라엘·하마스 전쟁, 2022년 2월에 시작된 러시아·우크라이나 전쟁이 계속되고 있지요. 먼 나라의 전쟁이니 우리와는 전혀 상관없다고 생각할 수도 있지만, 예를 들어 우크라이나 전쟁으로 세계는 식량 위기를 맞고 있습니다. 비옥하고 넓은 땅을 가진 우크라이나는 세계에서 네 번째로 곡물을 많이 수출하는 국가거든요.

우크라이나는 '유럽의 빵 바구니'라는 별칭이 붙을 만큼 엄청난 곡물 수출량을 자랑하는데요, 그중 해바라기유는 세계 1위, 보리와 옥수수는 4위, 밀은 6위, 콩은 7위를 차지할 만큼 우크라이나는 세계 식량 공급에 매우 중요한 역할을 해 왔죠.

하지만 러시아의 침공으로 우크라이나는 곡물 생산량이 감소하고, 수출에도 어려움을 겪고 있어요. 이 때문에 사료와 곡물 가격이 크게 치솟고, 우크라이나 곡물 의존도가 높은 중동과 아프리카·유럽·동남아시아의 식탁 풍경이 바뀌었습니다.

특히, 빈곤 국가가 많은 동아프리카 지역은 식량 공급 차질로 기아 위기가 더욱 심각해졌어요. 중동의 시리아 난민도 밀과 연료의 가격이 급등해 이중 삼중의 생활고를 겪고 있지요.

이렇듯 전쟁은 당사국만의 위기가 아닌, 전 세계적 위기를 만들어 내고 있어요. 지구촌 시대의 세계는 서로 밀접하게 연결되어 있기 때문이죠.

무엇보다 가장 큰 피해자는 사는 곳이 전쟁터가 되어 버린 사람들일 거예요. 전쟁은 우크라이나 시민이 누려 오던 인간답게 살 권리를 송두리째 짓밟아 버렸습니다.

폭격이 일상이 된 현장에서 수만 명의 민간인이 죽거나 다쳤으며, 살아남은 사람들은 정신적 공포와 충격에 시달리고 있어요.

아이들은 학교 건물 대신 방공호에서 수업을 듣다 대피하는 일을 반복하고 있습니다. 부모를 잃은 어린이와 청소년도 많고, 삶의 터전을 빼앗겨 떠도는 사람도 늘어만 가고 있어요.

"
전쟁은 형제도 적으로 돌려 버려요
"

국경을 맞대고 있는 우크라이나와 러시아의 관계는 역사적으로 한국과 일본처럼 가깝고도 먼 나라, 애증의 이웃 나라라고 표현할 수 있어요.

러시아와 우크라이나는 원래 같은 슬라브 민족이었어요. 하지만 러시아 제국을 건설한 러시아계 슬라브족은 17세기 이후부터 러시아에 흡수되기 시작한 우크라이나 슬라브족을 멸시했지요. 게다가 러시아는 우크라이나를 식량 공급 기지로 활용하며, 높은 토지세와 이자를 부과하는 등 수탈을 일삼았어요. 이에 우크라이나 농민들의 원성이 높아졌고, 지식인들은 러시아에서 독립하자는 민족운동을 벌였습니다.

1922년 러시아 제국이 소비에트 사회주의 공화국 연방(소련)으로 바뀌자 우크라이나는 소련의 자치 공화국인 우크라이나 소비에트 사회주의 공화국이 되었어요. 그런데 1932년부터 1933년 사이에 '홀로도모르 holodomor'라고 알려진 사건이 발생해 수백만 명이 숨지는 비극이 일어났어요. 우크라이나어로 holod는 '기아'를 뜻하고, mor는 '살인'이라는 뜻이에요.

당시 소련의 스탈린은 농장 집단화 정책을 펼치며 우크라이나 자영농들의 농장을 습격해 곡물을 모조리 수탈했어요. 농민들은 집단 농장 농사일에 자신의 소를 빼앗기기 싫어서 도살해 버리기까지 했지요. 그 결과 일할 소가 부족해 농사를 지을 수 있는 면적이 급격히 줄었고, 이로 인해 대기근 사태가 발생해 약 450만 명이 굶어 죽었죠. 집단 농장에서 추수하고 떨어진 밀을 주워 가면 10년 이상의 징역형을 받거나, 심할 경우 사형을 선고받았다고 해요.

이런 사건이 있었지만, 두 나라는 이번 전쟁이 발발하기 전까지 서로를 적대시하지 않고 형제의 나라로 여기며 어울려 살았어요.

러시아 사람 중 우크라이나계 또는 카자크 혈통인 친척이 없는 사람은 거의 없을 정도예요. 그 반대도 마찬가지고요. 이런 이유로 두 나라는 서로 왕래가 잦았고, 우크라이나에서는 공용어인 우크라이나어 외에 러시아어도 널리 쓰였어요.

처음부터 폭력을 원하는 사람은 아마도 없을 겁니다. 대부분 어두운 과거는 뒤로하고 서로 화해하며 용서하려고 노력하죠. 하지만 전쟁은 사람들의 그런 마음을 다시 거칠게 만듭니다.

우크라이나를 침략한 러시아 정부는 점령 지역에서 우크라이나 가요를 부르지 못하게 하고, 수업도 러시아어로 진행하도록 강요한다고 해요. 이를 어기면 가혹한 처벌을 받고요. 언어 말살로 시민들이 반드시 누려야 할 자유로운 소통의 권리를 빼앗은 겁니다.

러시아가 점령한 우크라이나 크름(크림)반도에서는 하객들이 결혼식 축가로 우크라이나 노래를 불렀다는 이유로 체포당한 일도 있었습니다. 이렇다 보니 우크라이나뿐만 아니라 유럽을 비롯한 다른 국가에서 러시아어나 러시아 문화에 대한 적대감이 높아지고 있어요.

제가 만난 한 우크라이나 가족은 러시아계로 전쟁 전

까지는 집에서 러시아어를 사용했대요. 하지만 난민이 된 지금은 가족끼리도 우크라이나어만 쓰기로 결심했다고 해요. 이렇게 상대방의 문화와 언어까지 증오의 대상이 되게끔 만든 데 가장 큰 책임을 져야 할 이들은 물론 침략 전쟁을 일으킨 쪽이겠지요.

난민이 되기를
선택하는 사람은 없어요

난민은 전쟁이나 재난으로 인해 살던 곳에서 쫓겨난 사람을 말해요. 여러분도 아마 수업 시간이나 방송에서 가끔 난민이라는 말을 들어 봤을 거예요.

그런데 혹시 그런 난민을 직접 보거나 만난 적이 있나요? 제 짐작이지만, 아마 많지 않을 것 같아요. 제가 이렇게 추측하는 이유는 2021년 한국에서 난민으로 인정받은 사람이 모두 합쳐 72명에 불과하기 때문이에요. 2020년에는 69명, 2019년에는 79명이었고요. 5,000만 명이 사는 한국에서 진짜 난민을 만나기란 하늘의 별 따기만큼 어려운 일이란 얘기죠.

그렇다면 인터넷에서는 왜 그렇게 난민에 대해 우려하는 글이 많을까요? 실제 인정받은 난민 수에 비해 이에 대한 경계심이 엄청나게 높은 것은 무슨 이유 때문일까요?

우선 법무부의 난민 신청자 통계를 살펴볼게요.

구분	2019년	2020년	2021년	2022년	2023년
난민 신청	15,452	6,684	2,341	11,539	18,838
난민 인정자	79	69	72	175	101
난민 인정률	0.005%	0.01%	0.03%	1.51%	0.53%

연도별 난민 신청 및 인정자 현황(출처: 대한민국 법무부, 단위: 건)

2021년에는 2,341명이 난민 신청을 했는데, 그중 72명이 인정을 받았어요. 신청자의 0.03%에 불과해요. 2020년엔 그보다 3배 정도 많은 6,684명이 신청했는데, 그중 0.01%인 69명이 인정을 받았고요.

2019년엔 15,452명이 신청했지만 그중 0.005%에 해당하는 79명만이 인정을 받았어요. 1,000명이 각자의 절박한 사정으로 난민 신청을 했는데, 그중 5명만 난민으로 인정해 주었다는 뜻이에요. 그럼 나머지 995명의 삶은 지금 어떻게 되었을까요? 한번 되짚어 볼 문제라고 생각해요.

다른 국가와 비교해도 우리나라의 난민 인정률은 무척 낮은 편이에요. 유엔난민기구 조사 자료에 따르면 2010년부터 2020년까지 11년간 한국의 난민 인정률은 평균 1.3%에 불과합니다. 같은 기간 캐나다는 46.2%, 영국은 28.7%, 인도는 52.8%예요. 2000년부터 2017년까지 세계 190개국의 평균 난민 인정률은 29.9%에 달했고요. OECD 회원국 중 한국보다 난민 인정률이 낮은 나라는 일본과 이스라엘뿐이에요.

여러분이 이러한 수치를 꼼꼼히 살펴봤으면 좋겠어요. 숫자 속에는 서로 다른 개성을 갖고 살아가는 사람들의 이야기가 담겨 있거든요.

앞의 표를 보며 "거봐, 사실 난민 인정을 못 받았을 뿐 난민으로 오는 사람 수는 훨씬 많잖아!"라고 말하는 친구가 있을지도 모르겠어요. 그 생각이 맞는 걸까요? 그렇지 않아요! 현재 전 세계적으로 정말 많은 난민이 생기고 있어요. 그에 비해 한국 입국을 허가받고, 실제로 난민 신청서까지 쓸 수 있는 사람들의 규모는 매우 작습니다. 난민으로 인정받는 수는 훨씬 더 적고요. 대부분 난민으로 인정받지 못한다는 말이지요.

유엔난민기구에 따르면 2022년 전 세계에서 자신의 의지와 다르게 살던 고향을 강제로 떠나 난민이 된 사람, 즉 비자발적 난민의 수가 1억 명을 넘었다고 해요. 전 세계 인구 80명 중 1명이 난민이라는 뜻이에요. 무척 심각한 상황이죠. 각종 전쟁과 경제난 그리고 극심한 기후 위기로 인해 고향을 떠날 수밖에 없는 사람이 계속 늘어나고 있어요.

독일은 세계에서 난민을 제일 많이 받아들인 나라 중 하나예요. 독일은 2022년 우크라이나 난민을 120만 명이나 받아들였지요. 같은 해 한국이 인정한 난민은 175명이고요. 독일의 0.01% 수준이죠. 이렇게 큰 차이가 나는데도 우리는 왜 그토록 난민에 대해 부정적 이야기를 많이 할까요?

2018년에는 제주도를 통해 입국하려던 예멘 난민들에 대한 뉴스가 연일 매스컴을 장식했어요. 그런데 우리나라에서는 550명이 넘는 예멘 사람들이 왜 난민이 되었는지 자세히 들여다본 것 같지는 않아요. 그저 난민 문제에 대한 일반적 우려만을 이야기한 것이죠.

난민 수용을 반대하는 사람은 그들이 겪고 있는 고난보다 우리 사회에 가져올 문제가 더 크다고 생각해요. 그

1
민주주의와 인권의 적, 전쟁

러면서 난민이 사실은 전쟁을 비롯한 위기 때문에 탈출한 게 아니라, 더 나은 경제적 기회를 찾아온 거라고 이야기하죠.

하지만 이 두 가지 이유를 그렇게 쉽게 나눌 수는 없답니다. 특히 전쟁은 집과 회사, 공장과 농경지를 가리지 않고 파괴합니다. 사람이 먹고살기 위한 기본적인 필요, 즉 경제적 토대를 망가뜨립니다.

그런 문제에 직면했을 때, 누구나 난민이 될 수 있습니다. 인간으로서 누려야 할 기본적 인권을 한꺼번에 잃게 된 사람들이 난민이 됩니다. 난민은 선택하는 것이 아니라 강요받는 것이에요.

" 두 번이나 고향을 떠나야 했던 압둘라 가족 이야기 "

독일에서 만난 압둘라 가족의 원래 고향은 팔레스타인이에요. 하지만 머나먼 조상 때부터 살아온 팔레스타인과 새롭게 정착한 시리아에서 모두 떠나야 했어요.

압둘라의 할아버지와 할머니는 젊은 시절 이스라엘에서 살았다고 해요. 하지만 매일같이 벌어지는 시가전과 테러 위협 그리고 각종 차별에 시달리다 더는 견디지 못하고 이웃 나라 시리아로 이주했지요. 직업도 집도 소중한 친구들도 모두 남겨 둔 채로요. 당시 시리아는 중동에서 꽤 안정된 나라로 여겨지던 때였답니다.

그렇게 난민으로 입국한 시리아에서 압둘라의 할아

버지와 할머니는 자녀들을 낳고 열심히 일하며 자리를 잡아 갔어요. 그리고 수십 년이 흘러 손자 압둘라가 태어 났습니다. 압둘라 씨는 시리아를 자신의 고향으로 여기 며 청소년 시절을 보냈어요. 성인이 되어서는 엔지니어 로 취직하고 결혼도 했습니다.

하지만 마냥 안전할 것이라 여겼던 시리아에서 압둘 라 가족은 내전에 휘말리고 말았어요. 몇십 년에 걸쳐 간 신히 살 기반을 만들었는데, 시리아 정부군과 반군이 서 로 적대적 관계를 형성하면서 미래가 암울해졌습니다. 팍팍해진 환경 속에서 압둘라 씨는 고민에 빠졌습니다. 팔레스타인 출신인 그에게 다른 선택의 여지가 없었죠.

압둘라 씨는 결국 갓 태어난 딸과 아내에게 꼭 다시 데리러 오겠다는 약속을 남긴 채 시리아를 떠나기로 결 심했습니다.

튀르키예까지는 육로를 이용했지만, 유럽으로 가기 위해서는 바다를 건너야 했죠. 압둘라 씨는 플라스틱으 로 만든 조각배에 몸을 싣고 그리스로 향했습니다. 천만 다행으로 거친 풍랑에도 목숨을 건졌고, 우여곡절 끝에 독일에서 그를 난민으로 받아주었습니다.

하지만 독일 정부가 그의 아내와 딸의 입국을 허락하

기까지는 다시 긴 시간이 걸렸습니다. 압둘라 씨는 독일에 입국한 지 무려 4년이 지나서야 딸과 아내를 데려올 수 있었죠.

가족과의 생이별을 각오하고 고향을 두 번이나 떠나야 했던 압둘라 가족의 마음은 어땠을까요? 압둘라 가족이 목숨을 걸고 피했던 것은 전쟁과 폭력이었을까요, 열악한 경제적 여건이었을까요? 과연 이 둘을 무 자르듯 딱 나누어 생각할 수 있을까요?

내 목숨을 지키고 유지하는 데 가장 중요한 권리인 생명권, 내가 원하는 것을 사고팔고 내가 원하는 일을 하며 더 풍족한 미래를 꿈꿀 수 있는 경제적 행복 추구권, 좋은 정치 체제를 스스로 만들고 영위할 수 있는 정치적·사회적 인권, 일상에서 문화와 여가를 누릴 권리는 모두 연결되어 있답니다.

"

독일로 피란한 잔나 씨가
다시 고향으로 돌아간 이유

"

자신이 난민이 될 거라 생각하는 사람은 없습니다. 하루
아침에 난민이 된 사람들도 신문과 방송에서 보던 난민
이야기가 자신의 상황이 되었음을 정말 믿기 힘들었다고
해요. 난민과 난민이 아닌 사람이 그렇게 쉽게 나뉘지 않
는다는 걸 가르쳐 준 사람은 2022년 초에 독일로 피란을
온 잔나 씨였어요.

    저는 우크라이나에서 독일로 피란 온 분들을 돕는 한
모임에서 잔나 씨를 만났어요. 당시 20명 남짓한 난민분
들을 만났는데 고등학생, 대학생, 컴퓨터 전문가, 고등학
교 선생님, 주부 등 다양한 직업과 개성을 갖고 있는 그

분들은 우리 주변의 이웃과 다를 바 없었어요.

평화롭게 잘 살 수만 있다면 누가 고향을 자발적으로 떠나고 싶겠어요? 스스로 원해서 난민이 되는 사람은 아마 아무도 없을 거라고 생각합니다. 그들은 전쟁으로 인해 난민이 될 수밖에 없었던 거예요.

잔나 씨는 우크라이나에서 화가로 활동했어요. 전쟁이 터지는 바람에 딸과 사위 그리고 어린 손자와 함께 베를린으로 피란을 왔지요. 남편은 적지 않은 나이임에도 자원입대해서 러시아군과 싸우고 있었죠.

잔나 씨 가족도 키이우에서 살 때 난민들을 도왔다고 해요. 러시아가 우크라이나를 침공한 게 이번이 처음은 아니에요.

2014년에도 우크라이나 동쪽 돈바스 지역을 쳐들어왔지요. 이때 많은 사람이 고향을 등지고 피란을 떠났는데, 잔나 씨는 자신의 집과 사위의 병원 사무실에 공간을 만들어 난민들이 거주할 수 있게 해 주었답니다. 잔나 씨와 가족들은 이런 활동을 8년이나 계속했죠. 하지만 지금처럼 정작 자기와 가족이 한순간에 난민 처지가 될지는 정말 꿈에도 몰랐다고 해요.

잔나 씨는 피란 생활 와중에도 베를린에서 반전反戰

그림을 그려 전시회를 열었어요. 작품을 판매한 돈으로 고국에 구호물자를 사서 보내기도 했고요.

아직 전쟁이 끝나지 않았지만, 현재 잔나 씨는 다시 고향으로 돌아가 키이우 근처에서 살고 있어요. 다시 우크라이나로 돌아가겠다는 말을 들었을 때 저는 무척 놀랐어요. 왜냐고 묻는 제게 잔나 씨는 "난민으로 산다는 게 너무 힘들어서"라고 대답했어요. 낯선 곳에서 남의 도움에 의존하며 살아가는 하루하루가 정말 견디기 힘들다면서요.

고향으로 돌아간 잔나 씨가 사진으로 보내 준 집은 화가가 사는 곳답게 매우 아름다웠어요. 물론 그 겉모습이 다는 아니에요. 불현듯 공습 사이렌이 울리면 잔나 씨는 동네에 남아 있는 이웃들과 함께 지하실로 대피한다고 해요. 매일 그런 상황을 감수하면서도 고향에 있고 싶은 것이죠.

모든 걸 버리고 난민이 되어 피란을 떠나는 것도, 그걸 거부하고 제자리에 남아 있는 것도 참 무섭고 많은 용기가 필요한 일입니다.

난민이 되고 싶어 하는 사람은 아무도 없어요. 난민이 되어 난민 취급을 받는 것은 무척 견디기 어렵고 힘든

일이기 때문이지요. 그렇다면 우리는 무엇을 할 수 있을
까요? 낯선 우리나라에 용기를 내어 찾아온 이들의 손을
잡아 주면 어떨까요?

" 난민의 이웃이 되어 주세요! 나스티아 가족과 마샤 가족 이야기 "

난민 문제는 누가 해결해야 할까요? 어떤 사람은 정부가 결정하고 처리할 일이라고 말해요. 하지만 민주주의 사회에서는 시민들의 생각과 판단이 정부의 결정에 영향을 미칠 수 있어야 해요.

우크라이나 전쟁이 터진 후 독일에서는 120만 명이 넘는 우크라이나 난민을 받아들였어요. 독일 정부는 난민들에게 생활비, 의료비, 언어 및 직업 교육을 지원하고 있어요. 독일 국민 대다수가 이런 지원을 반대한다면 사실상 가능하지 않은 일이죠.

난민 지원은 국가의 노력만으로 채울 수 없어요. 나스

티아 가족과 마샤 가족의 이야기를 통해 시민의 역할이
왜 중요한지 생각해 볼게요.

우크라이나 전쟁이 터지자 독일에 사는 저와 제 이웃
들은 작은 난민 지원 모임을 만들어 피란민이 편하게 쉴
수 있는 숙소를 마련했어요. 이 숙소의 첫 입주자는 나스
티아와 그녀의 엄마였는데, 그 이전까지 나스티아 가족
은 독일 정부가 마련한 난민 합숙소에서 생활하고 있었
죠. 하지만 모두에게 개방된 집단 수용 시설의 여건은 피
란민이 겪는 아픔과 상흔을 보듬기에는 좋은 곳이 아니
었대요. 갑자기 수많은 사람과 부대끼며 살아야 하는 상
황 자체가 또 다른 충격으로 다가오기 때문이죠.

나스티아 가족은 난민 합숙소에서 나오고 싶어 했고,
수소문 끝에 우리와 연결된 거예요. 우리가 마련한 쉼터
에서 함께 생활하며, 나스티아와 그녀의 어머니는 우리
의 좋은 친구가 되었어요. 그리고 몇 달 후 라이프치히에
더 좋은 집을 얻을 수 있었어요. 나스티아는 독일에서 대
학 공부를 이어 갈 예정이에요. 나스티아가 힘을 내고 스
스로 자립할 용기를 가질 수 있었던 것은 시민들의 도움
때문이었어요.

두 번째 입주자 마샤 가족은 우리 쉼터가 두 번째 숙

소였어요. 마샤 가족의 고향은 우크라이나 중남부의 자포리자라는 도시예요. 이곳에는 원자력 발전소가 있어 러시아 군대가 더 집중적으로 공격을 했고, 그 바람에 큰 피해를 입었죠. 어둠 속에서 폭격 소리를 들으며 피란길에 오른 마샤 가족은 우크라이나를 탈출한 후 장거리 기차를 타고 베를린 중앙역에 도착할 수 있었어요. 그런데 거기엔 수많은 시민이 이런 플래카드를 들고 모여 있었죠.

"독일에 온 것을 환영합니다."

"갈 곳이 없다면 우리 집으로 오세요."

뉴스를 통해 우크라이나 피란민이 도착했다는 소식을 접하고 곧바로 달려 나온 시민들이었어요. 마음으로만 안타까워하는 대신 직접 담요와 따뜻한 음료를 들고 길을 나선 거예요. 시민들은 피란민을 위해 편히 묵을 수 있는 공간을 제공했어요. 마샤 가족도 마음씨 좋은 독일 사람의 집을 빌려 몇 달간 살 수 있었어요. 그런데 피치 못할 사정이 생겨 다른 거처를 구하던 중 우리와 연결된 거예요.

우리는 이들 가족을 위해 쉼터에 각자의 물건을 채워 넣었어요. 그들을 따뜻하게 반기는 공간으로 만들고 싶었기 때문이에요. 생필품뿐만 아니라 화장실에 향초를

피우고, 부엌에는 허브 화분도 들여놓았죠. 깨끗하게 세탁해서 비치한 물건들에는 그들을 환대하는 우리의 마음이 담겨 있었어요.

마샤와 어머니 그리고 할아버지는 이곳에서 6개월간 평범하게 생활할 수 있었어요. 하지만 다시 문제가 생겼어요. 저희가 빌린 쉼터의 임대 기간 연장이 불가능해졌거든요. 결국 마샤 가족은 독일 정부에서 마련한 테겔 공항의 집단 숙소로 가야 했어요.

낯선 사람들과 갑자기 한곳에서 생활하게 된 마샤 가족은 이전과 달리 너무나 힘들어했어요. 다시 저를 만난 마샤는 우크라이나의 고향으로 돌아가겠다는 말을 반복할 정도였어요.

마샤 가족은 어쩌면 이 공항 합숙 시설에 입소한 순간 비로소 '진짜 난민'이 되었다고 느낀 것 같아요. 괴로워하는 마샤를 보면서 저는 수많은 난민 중 한 명으로 수용되는 것과 보통 사람처럼 이웃과 함께 서로 이름을 부르며 사는 것은 엄청난 차이가 있다는 걸 깨달았어요.

저는 그때까지 난민에게 숙소를 마련해 주는 건 그저 작은 선의를 베푸는 일이라고 생각했어요. 하지만 이것이 당사자인 난민에게는 정말 큰 위안이 된다는 걸 뒤늦

게 깨달았습니다. 그들에게 '난민'이라는 호칭 대신 이름을 불러 주는 공동체를 마련해 주는 것은 시민만이 해낼 수 있는 중요한 역할이에요.

난민이 되어 터전을 잃어버린 사람들은 시민으로서의 자존감이 훼손당하고 인권 침해도 자주 겪게 되죠. 난민의 이런 상처를 치유하는 방법 중 하나가 다른 평범한 시민들과의 관계 맺기입니다.

마샤 가족은 다행히 다른 가정집을 장기 계약으로 구할 수 있었어요. 이들에게 세 번째 쉼터를 구해 준 사람 역시 또 다른 시민이었지요. 마샤 가족이 전쟁의 피해에서 벗어나 안정된 삶을 살 수 있도록 서로 얼굴도 모르는 시민들이 선의의 이어달리기를 하고 있었던 것이죠.

저는 그때 나 한 사람의 능력이 충분하지 못해도 정말 괜찮다는 사실을 깨달았어요. 민주주의 사회에서 사는 우리에겐 좋은 이웃이 너무나도 많다는 걸 믿게 되었거든요.

"

우크라이나 난민을 도운
러시아 친구 샤샤

"

제 친구이자 동료 샤샤는 러시아 사람입니다. 저처럼 독
일에 공부하러 왔던 샤샤는 기숙사에서 항상 인기 많은
멋쟁이 친구였습니다. 학교를 졸업한 후 오랫동안 서로
소식을 모르고 지내다 다시 만난 그는 인권 단체에서 일
하고 있었죠.

　우크라이나 전쟁이 터지기 전 저는 러시아 대사관 앞
에서 시위하던 중 샤샤와 마주쳤어요. 시위는 러시아의
중요한 인권 단체가 강제로 폐쇄되고, 정부에 비판적인
언론사가 하나둘씩 문을 닫는 등 러시아 민주주의가 퇴
보하는 것에 항의하기 위해 열린 거였어요. 하지만 그때

까지도 러시아가 진짜 전쟁을 일으킬 것이라고는 상상조차 못 했죠.

우크라이나 전쟁이 발발하고 몇 달 후 샤샤를 다시 만났습니다. 당시 저는 우크라이나 난민을 도울 사람들을 모으고 있었어요. 난민을 위한 행사를 진행하는데 러시아어와 우크라이나어를 할 수 있는 동료가 필요하다고 하자, 샤샤는 모든 일을 제쳐 두고 달려왔습니다. 도움을 받은 우크라이나 사람들도 샤샤에게 고마움을 전했고요.

행사 후 둘만 남았을 때 샤샤가 들려준 이야기가 기억에 남습니다. 샤샤는 행사에 참여하는 게 무척 어려운 결정이었다고 말했어요. 자신이 러시아 사람이라는 것 자체가 너무 미안해서 우크라이나 사람들과 마주쳐야 하는 일이 쉽지 않았다고 해요.

샤샤는 행사에 참여하기 몇 주 전, 유치원에 다니는 아들과 동네 놀이터에 갔대요. 그런데 먼저 놀이터에서 놀던 아이들이 우크라이나 말을 하고 있는 걸 보고는 너무 괴로워서 그 자리를 피하고 싶었다고 해요.

러시아에서 민주주의가 파괴되는 것에 누구보다 반대하고 열심히 싸워 온 샤샤였지만, 전쟁 발발 후 사람들이 러시아 사람이라고 하면 무조건 색안경을 쓰고 비난의 시선으로 바라보는 것에 상처를 입은 것이죠.

그런 샤샤를 위해 진작 더 힘을 보태지 못했던 저 역시 그저 미안할 뿐이었어요. 하지만 샤샤는 제게 고맙다는 말을 몇 번이나 했습니다. 우크라이나 사람들을 그렇게라도 직접 도울 수 있어서 다행이라면서요. 고마워해야 할 사람은 오히려 저였는데 말이에요.

전쟁이 만든 응어리는 선한 사람들에게 상처를 남깁니다. 우리는 전쟁을 막고 반대해야 합니다. 그러려면 민주주의를 위해 애쓰는 국경 너머 시민들과 손을 맞잡아야겠지요?

적지 않은 러시아 사람들이 민주주의를 지키려 힘을 모으고 있어요. 민주주의를 파괴하려는 러시아 정부와 민주주의를 사랑하고 수호하려는 러시아 사람을 구별해야겠지요?

2

세계 시민이 함께 지키는 민주주의

민주 사회를 되찾기 위한
미얀마 사람들의 투쟁

이제 우리는 미얀마 이야기를 해 볼 거예요.
미얀마의 민주주의는 군사 쿠데타로 인해
수십 년째 탄압받고 있어요.
민주주의를 위한 미얀마 시민들의 투쟁은 계속되고 있지만,
아직까지도 세상에 널리 알려지지 않았죠.
태국 국경 지대의 난민 캠프에서 만난 사람들의 이야기를 통해
빼앗긴 민주주의를 되찾고자 하는
미얀마 사람들의 꺾이지 않는 마음을 살펴보기로 해요.

우크라이나 VS. 미얀마,
세계인의 관심은 어디에 더 쏠려 있을까요?

앞서 얘기한 우크라이나 전쟁에 대해서는 많이 들어 보았죠? 하지만 미얀마의 민주주의 투쟁에 대해서는 거의 들어 보지 못했을 거예요. 이러한 관심의 차이는 여러 이유가 있지만, 미얀마가 유럽 대륙이 아닌 동남아시아에 위치해서 상대적으로 국제 사회의 관심과 조명을 덜 받기 때문이기도 해요. 여러분도 이런 상황을 쉽게 확인해 볼 수 있어요. 구글이나 네이버 같은 포털 사이트에서 두 나라의 검색 횟수를 비교해 보세요.

① 구글 트렌드 〉 탐색으로 들어가세요.
② 탐색 메뉴의 검색어 추가에 '우크라이나'와 '미얀마'를 각각 입력해 보세요. 이때 검색어의 분류가 국가로 된 것을 체크하세요.
③ 검색 지역을 '전 세계'로 놓은 후, 지난 12개월간 관심도를 체크해 보세요. 그런 다음 '대한민국'으로 검색 지역을 놓은 후 사람들의 관심도를 살펴보세요.
④ 이번에는 네이버 데이터랩 〉 검색어 트렌드로 들어가서 주제어에 '우크라이나'와 '미얀마'를 각각 입력해서 비교해 보세요.

구글 트렌드 탐색

네이버 데이터랩 검색어 트렌드

1. 두 나라 검색 결과에 차이가 많이 나는 이유는 무엇인지 이야기해 봐요.
2. 두 나라에 대한 최근의 기사를 찾아서 읽은 후, 민주주의가 어떻게 위협
받고 있는지 이야기해 봐요.

우크라이나와 미얀마를 직접 검색해 본 후 여러분은 어떤 생각이 들었나요? 사실 우리나라에서 지리적으로 더 가까운 곳은 미얀마예요. 인천국제공항에서 비행기로 우크라이나까지 가려면 약 10시간 정도가 걸려요. 반면, 미얀마의 옛 수도 양곤까지는 6시간 정도 걸리죠.

보통 우리는 나와 가까운 사람, 내 주변의 이웃에게 관심을 더 많이 기울이잖아요. 그런 면에서 보면 유럽에 위치한 우크라이나보다는 같은 아시아 국가인 미얀마에 더 많은 관심을 가지는 게 당연할 것 같아요. 하지만 결과는 여러분도 알다시피 미얀마보다는 우크라이나에 대한 관심도가 월등히 높죠.

그렇다면 우리는 왜 미얀마에서 벌어지는 일들에 대해 많이 찾아보지 않는 걸까요? 무엇보다 미얀마의 소식 자체를 우리나라 뉴스에서 거의 보도하고 있지 않기 때문이에요. 어떤 일이 벌어지고 있는지 모르기 때문에 아예 관심조차 기울이지 않는 것이죠.

사람들은 대부분 텔레비전이나 신문 등의 매체에서 자주 다루는 사건을 중요하다고 생각해요. 반면, 그렇지 않은 뉴스에는 관심을 쏟기 힘들죠. 우리가 미얀마의 현실에 관심을 갖지 않는 것은 이런 상황 때문이에요.

이처럼 개발 도상국이나 저개발 국가에서 일어나는 사건은 국제 사회에서 중요하게 다뤄지지 못하고 뒤로 밀리곤 합니다. 게다가 국제 사회의 관심이 적기 때문에 민주주의가 위협받고 심각한 인권 침해도 생기기 쉬워요.

민주주의 사회에 살고 있는 우리는 이렇게 민주주의가 위협받고 있는 지역이나 국가의 상황에 관심을 기울이고, 그에 대해 더 깊이 알아보려는 자세를 가져야 해요. 민주주의 국가의 시민들이 적극적으로 관심을 가질 때 각국 정부도 그 목소리에 신경을 쓰게 되고, 그러면 국제 사회도 움직일 것이기 때문이에요.

"

우리와 비슷하지만 다른
미얀마 역사

"

동남아시아에 위치한 미얀마는 태국 바로 서쪽에 맞닿아 있어요. 여행을 가거나 방송에서 뺨에 동그랗고 하얀 분 칠을 한 어린이나 여성을 본 적이 있다면 아마 미얀마 사 람일 거예요. 타나카Thanaka라는 이름의 피부 보호용 천연 화장품은 동남아시아 사람들 중에서도 특히 친절한 미얀 마 사람을 구별해 주는 특징이랍니다.

미얀마 주변에는 태국 말고도 여러 나라가 있어요. 북 동쪽으로는 중국이 있고요, 서쪽으로는 바다를 끼고 방 글라데시와 인도, 남쪽으로는 말레이시아와 인접해 있어 요. 총인구는 5,000만 명 정도로 한국과 비슷한데, 그에 비해 면적은 우리나라의 약 6.7배나 되는 상당히 큰 나라예요. 넓은 국토에는 각종 지하자원이 다량 매장되어 있어요. 그뿐만 아니라 교육을 중시하는 문화 덕분에 대부분의 국민이 글을 읽고 쓸 수 있죠.

충분히 많은 인구에 사람들의 교육 수준도 높은 데다 자원까지 풍부하니 당연히 잘살아야 하는데, 현재 미얀마 경제는 2024년 기준 1인당 GDP가 189개 국가 중 164위일 정도로 열악한 상태예요. 미얀마 경제 수준이 이처럼 낮은 이유는 오랜 식민지 지배와 군사 쿠데타로 인해 민주주의가 제대로 정착하지 못했기 때문이에요.

여러 나라로 나뉘어 있던 미얀마는 1885년 영국의 식민지가 되었어요. 식민지로 전락한 나라는 더 이상 스스로 운명을 결정할 수 없어요. 주권을 상실했다는 건 아무것도 자기 뜻대로 할 수 없다는 뜻이죠. 아울러 나라와 국민에게 큰 해악을 끼치는 일을 강요당한다는 걸 뜻해요. 주권을 상실한 미얀마 사람들은 인권을 침해당하고 함부로 취급받았어요. 일제의 식민 지배로 우리 민족이 겪은 수난을 떠올려 보면 미얀마의 역사에 좀 더 공감할 수 있을 거예요.

미얀마를 지배하기 위해 영국은 일부러 미얀마 내 여

러 민족이 서로 시기하고 미워하며 싸우게끔 만들었어요. 그리고 미얀마의 산업화를 막으면서 본국을 위한 곡물 생산 기지로만 삼았죠.

제2차 세계 대전 시기에는 일본의 식민지가 되었어요. 이때 일본 제국주의가 세운 버마국은 영국보다 더 가혹하게 국민을 탄압했어요. 세계 대전이 끝나자 미얀마는 1948년 식민지에서 해방되었어요.

미얀마는 무려 135개 민족이 모여 나라를 이룬 다민족 국가인데, 미얀마 독립 운동의 아버지라고 일컫는 아웅 산은 미얀마가 발전하기 위해서는 여러 민족이 서로 존중하고 이해해야 한다고 주장했어요. 그렇게 해서 만들어진 조약이 '팡롱Panglong 협약'이에요. 이 협약에는 소수 민족의 자치와 권리 보장 그리고 민족들 간의 상호 존중 정신이 담겨 있죠.

하지만 독립 이후 미얀마에서는 소수 민족이 차별받는 상황이 이어졌어요. 이에 반발한 소수 민족들이 정부에 반기를 들었는데, 이를 진압해야 한다는 명목으로 1962년 군부 쿠데타가 일어났습니다. 미얀마의 군사 독재는 이렇게 시작되었어요.

미얀마 국민은 거의 20년간 군사 독재 치하에서 억

압당하며 살아야 했어요. 그러던 중 미얀마 시민들은 이른바 '8888항쟁'이라고 부르는 민주화 운동을 벌였어요. 이 민주화 운동이 1988년 8월 8일에 시작되어서 붙은 명칭이에요. 군사 정부에 대항해 대규모 반대 시위를 벌인 결과, 아웅 산의 딸 아웅 산 수 찌 여사가 민주 세력의 새 지도자가 되었지요. 민주 세력은 1990년 국회 의원 선거에서 80% 넘는 의석을 얻었지만, 군사 정권은 이를 인정하지 않고 수 찌 여사를 자택에 감금해 버렸어요.

비슷한 시기인 1987년 대한민국이 민주화 운동을 통해 제도적 민주화를 달성한 반면, 미얀마 시민들은 군부의 개입으로 쓰디쓴 좌절을 맛보아야 했지요. 하지만 미얀마 사람들은 민주화에 대한 꿈을 결코 버리지 않았어요.

2015년 66세의 수 찌 여사가 이끄는 민주 세력은 다시 한번 선거에서 압승하며 무려 53년 만에 민주 정부가 들어섰어요. 당시 투표율이 80%에 달했다고 해요. 민주화에 대한 미얀마 국민들의 열망이 그만큼 컸다는 증거죠. 이후 2020년 선거에서도 민주 세력은 승리를 거두었습니다. 하지만 2021년 다시 군부가 쿠데타를 일으켰어요. 명목은 부정 선거 때문이라지만, 그건 사실이 아니에요.

1962년과 1988년 군부의 총칼에 유혈 탄압을 당했던 시민들은 이 갑작스러운 사태에 비폭력 시위로 맞섰어요.

시민들은 트위터, 인스타그램 등 소셜 미디어에 #미얀마는_민주주의를_원한다#Myanmar_wants_Democracy, #시민불복종운동#CivilDisobedienceMovement 등의 해시태그를 매일 달면서 국제 사회에 도움을 호소했어요. 또한 민중가요 〈까바 마 쩨 부Kabar Ma Kyay Bu〉를 부르는 영상을 올리기도 했는데, 이는 '우리는 세상이 끝날 때까지 굴복하지 않을 것'이라는 뜻이랍니다. 팝송 〈바람 속의 티끌Dust In the Wind〉을 미얀마어로 개사한 것인데, 1988년 시민 항쟁 때도 많이 불렀던 노래라고 해요. 마치 우리나라의 〈아침 이슬〉처럼요.

50년의 기다림 끝에 얻은 민주화였지만, 미얀마 시민들은 길게 잡아 10년이라는 짧은 기간 동안만 이를 누릴 수 있었어요. 하지만 민주주의를 경험한 많은 시민은 미얀마 안팎에서 민주화를 위해 활동하고 있답니다. 이제 미얀마 사람들이 어떤 상황에 직면해 있는지, 왜 그 마음이 꺾이지 않는지 직접 들어 볼 차례예요.

> "
미얀마 양심수를 위해 일하는
아웅 묘 쪼 씨 이야기
> "

미얀마와 인접한 태국 국경에 매솟Maesot이라는 도시가 있어요. 그곳에서는 미얀마 양심수지원협회의 아웅 묘 쪼 씨가 미얀마 양심수들을 돕는 활동을 하고 있지요.

양심수는 나쁜 범죄를 저질러서 교도소에 갇힌 게 아니라, 스스로 양심에 떳떳한 목표를 위해 국가에 저항하다 형벌을 받게 된 사람이에요. 다른 말로는 '정치범'이라고도 해요. 우리나라도 민주화가 되기 전에는 수많은 양심수가 있었죠.

쪼 씨는 미얀마의 양심수로 오랫동안 복역을 했어요. 대학생이던 1991년 수 찌 여사와 함께 민주화 운동을 하다가 무려 15년의 형을 선고받고 투옥되었어요. 8년 만에 풀려났지만, 2002년 군부는 또 다른 이유로 그를 체포했죠. 그는 아직 갓난아기이던 딸을 남겨 둔 채 다시 감옥에 갇혀야 했어요.

2004년 두 번째 석방 후에도 쪼 씨는 굴하지 않고 미얀마의 민주주의를 되찾기 위해 싸웠어요. 그러던 중 또다시 체포될 것 같은 조짐이 보였죠. 이번에 투옥되면 사형을 당할 위기였죠. 결국 그는 국경을 넘어 난민이 될 수밖에 없었어요. 쪼 씨는 현재 미얀마 양심수지원협회 위원으로서 미얀마 군부에 저항하는 시민들을 돕는 일을 하고 있어요.

미얀마에서는 걸핏하면 군부 쿠데타가 일어나 수많은 시민이 체포되고 사형을 당했어요. 2023년 4월까지 공식적인 집계로만 무려 2만 1,000여 명이 체포되었고, 그중 3,200여 명이 사형을 당했다고 해요.

그뿐만이 아니에요. 시위를 벌이다 군부의 발포로 희생된 사람만 약 3,000명, 군부에 무력으로 대항하다 죽은 저항군(소수 민족 포함)도 약 2만 명이나 돼요. 그리고 지금도 여전히 많은 시민이 민주주의를 위해 싸우다 목숨을 잃고 있어요.

미얀마 양심수지원협회에서는 이렇게 희생된 분들의 이름과 직업, 체포 당시의 상황 등을 정확하게 파악해 면밀하게 기록하고 있어요. 훗날 민주화가 이루어졌을 때 그분들의 희생을 잊지 않기 위해서예요. 또 교도소에서 복역하는 양심수에게 물품과 현금 등을 지원하고, 변호사를 선임해 재판을 도와주고 있어요. 더불어 국제적 지원도 호소하고 있지요.

한국의 민주화 운동에 대해서도 잘 알고 있는 쪼 씨는 모두를 위한 민주주의가 무엇보다 중요하다고 강조했어요.

그동안 미얀마의 민주화가 실패했던 중요한 원인 중 하나는 소수 민족에 대한 차별 때문이었어요. 미얀마에서 70%를 차지하는 버마족만을 위한 민주주의를 생각한 게 문제였지요.

쪼 씨는 앞으로 다시 만들어야 할 민주적인 미얀마 정부는 소수 민족에게도 반드시 동등한 기회와 참여를 보장해야 한다고 주장해요.

그는 긴 호흡으로 미얀마의 미래를 바라보고 있어요. 단순히 군부 독재 정권을 무너뜨리는 것만이 목표가 아닌 거죠. 군부 독재를 무너뜨린 이후 어떻게 해야 민주주

의가 전보다 안정적으로 뿌리를 내릴 수 있을지 연구하
는 쪼 씨를 보면 미얀마의 민주화가 머지않았다는 믿음
을 갖게 돼요.

"
미얀마 이야기를 바깥세상에 알리는
청년 기자들
"

펜은 칼보다 강하다고 하지요? 아무리 칼로 억압한다고
해도, 불의에 굴하지 않는 펜은 사람들의 마음을 하나로
뭉치고 행동하게 만들어요.

군부 독재로 많은 시민이 신음하는 미얀마의 상황을
가장 앞장서서 알리는 단체 중 미얀마 언론사진협회MPA
를 빼놓을 수 없어요. 이 단체는 미얀마의 청년 기자들이
주축이 되어 만든 민주 독립 언론이에요.

독재 정권은 자신들의 이익에 맞지 않는 언론은 늘
탄압하고 없애 버리려고 하지요. 그 나라의 민주주의가
얼마나 발전했는지 살펴볼 수 있는 지표 중 언론 자유 지

수가 있는데, 미얀마의 언론 자유 지수는 총 180개국 중 139위로 아주 낮은 수준이에요. 이런 상황에서 정부와 군대에 비판적인 언론인으로 산다는 건 참 어려운 일일 것 같아요.

미얀마 언론사진협회의 청년 기자들은 이런 어려움 속에서도 취재, 연구, 기사 작성, 번역 등을 통해 미얀마의 현실을 국내외에 알리고 있어요. 미얀마에 민주주의가 실현되었던 기간은 10년에 불과했지만, 그동안 민주주의를 사랑하는 사람들을 길러 낸 것이지요. 이때 청소년 시절을 보낸 친구들이 성장해서 민주주의를 알리는 기자로 활동하고 있다는 점이 감동적이에요.

미얀마 내에서 벌어지는 시위나 전투가 이어지는 국경 지대 정글에서의 취재는 목숨을 걸어야 하는 위험한 일이에요. 하지만 청년 기자들은 카메라와 펜을 놓지 않고 있어요.

"왜 그렇게 위험한 곳을 다니면서 취재를 하는 건가요?"

"우리 기자들이 미얀마에서 벌어지는 일을 보도하지 않으면, 이 사건들은 아무에게도 기억되지 못한 채 묻혀 버리고 말 테니까요."

걱정 어린 질문에도 웃음을 잃지 않은 채 사명감을

담아 대답하는 기자들의 모습이 존경스러웠어요. 기자들은 어려운 환경에서도 서로 믿고 의지하며 쾌활하게 생활하고 있어요. 늘 함께 숙식하는 청년 기자들은 서로를 단순한 동료나 친구가 아니라 진짜 형제자매처럼 생각해요. 그래서인지 서로를 소개할 때 우리 형, 우리 누나, 우리 동생이라고 말해요. 처음에는 정말 친형제자매인 줄로 착각했지 뭐예요.

생명의 위험 속에서도 늘 활기차고 명랑하게 지내던 청년 기자들에게는 속상한 일이 하나 있어요. 국경을 넘나들며 목숨을 걸고 만든 기사와 영상 보도가 미얀마 바깥세상에서는 거의 알려지지 않고 있기 때문이에요. 기사는 미얀마어뿐만 아니라 영어로도 작성해 배포하고 있는데, 아무리 노력해도 국제 사회의 관심은 점점 더 줄어드는 것만 같다고 해요.

비판적 언론은 국가가 민주주의와 인권을 스스로 파괴하려 할 때 그에 맞서 민주주의와 인권을 지키는 마지막 보루예요. 미얀마의 민주주의를 응원하려면 우선 이들의 목소리에 귀를 기울여야 해요. 유튜브만 찾아봐도 유창한 한국어로 미얀마의 실제 상황을 전하는 미얀마 유튜버들의 소식을 접할 수 있어요.

한국에 미얀마 언론사진협회의 기사들을 알리는 데 큰 역할을 한 오마이뉴스의 소중한 기자는 5·18 언론상을 받는 자리에서 이렇게 말했어요.

"국가 폭력을 마주한 시민들에게 해외에서의 연대 활동은 너무도 간절한 소망이자, 희망의 끈과 같은 존재입니다. 1980년 5·18 민주화 운동을 알리기 위해 콜레트 누아르, 미국평화봉사단 단원들을 포함한 수많은 외국인이 국내외에서 움직였고, 이는 결국 대한민국 민주주의의 밑거름이 됐습니다. 1980년 광주가 그랬듯 2021년 미얀마도 해외의 연대를 절실히 소망하고 있습니다."

이제는 우리가 미얀마에 이런 연대의 손을 내밀어야 할 때라고 생각해요.

이 QR 코드로 들어가면
미얀마 언론사진협회의
영문 기사를 볼 수 있어요.

"

난민이 된 초예 가족을
가장 먼저 도운 사람은?

"

초예 씨는 태국에서 만난 미얀마 출신 이주 노동자예요. 시멘트로 지은 그의 집은 카렌족 난민촌에서 좀 떨어진 옆 마을에 있었어요. 신을 벗고 들어가자 초예 씨의 부인 모 씨가 밝은 웃음으로 손님을 맞았어요.

부부가 이야기해 준, 군사 정권 치하에서 미얀마 사람들의 삶은 정말 고달팠어요. 부부는 조금이라도 걱정 없이 살아 보려고 고향인 미얀마의 수도 양곤을 떠났어요. 하지만 국경 지대 정글 속 '맬라Maela'라는 이름의 난민 수용 시설에 갇히고 말았지요. 이곳의 수용 시설은 태국 군대가 감시를 하고 있어 행동이나 활동이 자유롭지 않았어요.

행복한 미래를 꿈꾸며 20대의 젊은 나이에 길을 나섰지만, 부부는 철조망으로 둘러싸인 난민 캠프에서 무려 10년이나 살아야 했어요. 이곳에서 첫째 딸과 막내아들도 태어났죠. 두 아이가 캠프에 갇혀 자라는 모습에 초예 씨 부부는 매일 마음이 무거웠습니다.

초예 씨는 캠프에서 태국어를 열심히 배웠어요. 그리고 틈틈이 자격증도 준비했지요. 이런 노력 덕분에 10년 만에 캠프 밖 '보통 사람들'이 살아가는 세상으로 나올 수 있었어요. 난민 캠프에서 벗어난 초예 씨 가족은 매솟이라는 도시에 둥지를 틀었죠.

그런데 얼마 지나지 않아 그는 몸을 크게 다치고 말았어요. 일용직 노동을 하던 중 추락 사고를 당한 거예요. 하지만 난민 신분이라서 다친 팔을 제대로 치료하기 힘들었어요. 부인인 모 씨가 캠프 안을 오가며 바깥세상 물건을 팔아 간신히 생활을 이어 가는 중이었죠.

쫓겨나듯 자기 나라를 떠나 우여곡절 끝에 도착한 낯선 나라에서 보내는 하루하루는 쉽지 않은 삶이에요. 그럼에도 그들이 고향으로 돌아가지 않는 이유는 그만큼 미얀마 독재 정권의 탄압이 극심하기 때문이죠.

독재는 민주주의 정부뿐만 아니라 그 사회에 사는 시민들의 평범한 삶까지 파괴해요. 민주주의라는 울타리가 무너지면 행복을 추구하며 자유롭게 살고자 하는 사람들의 꿈과 미래도 짓밟힙니다. 조금이라도 정부에 대해 불만을 표출하면 낙인찍히고 탄압을 받아요.

하지만 절망 속에서도 꽃은 피어나듯이 초예 씨 동네에서 함께 모여 살고 있는 미얀마 난민들은 서로 도우며 어려움을 헤쳐 나가고 있었어요. 바깥세상의 도움을 기다리기만 하는 것이 아니라, 적극적으로 삶을 개척해 나가고 있답니다. 크고 작은 일이 있을 때마다 난민들을 가장 많이 돕는 사람은 바로 그들 자신이에요. 그리고 이를 통해 자연스럽게 난민 공동체가 생겼어요.

부부가 일할 때 어린 두 아이를 돌봐 주는 '삼촌'은 혈연관계가 아닌 다른 난민분이에요. 물론 부부도 시간이 되면 이웃의 아이들을 돌봐 주죠.

이처럼 힘든 상황도 함께 뭉쳐 헤쳐 가는 난민들을 우리는 어떻게 도울 수 있을까요? 비록 보잘것없을지라도 그런 내 힘을 보탤 만한 방법은 무엇일까요?

처음에는 강력한 힘을 가진 사람만 난민을 도울 수 있다고 생각할 수도 있어요. 하지만 중요한 것은 이미 스

스로 돕고 있는 난민들을 응원하고, 그 안에서 내가 할
수 있는 일을 찾는 거예요. 저는 그런 작은 노력이 모여
좋은 세상을 만드는 거라고 믿어요. 친구들과 이분들의
이야기를 공유하고 함께 생각해 보는 것 자체도 큰 의미
가 있을 거예요.

"
우리 세상에도
'페어플레이'가 적용되었으면
"

태국 국경 도시 매솟에서 차로 3시간 거리에 미얀마 난민들을 수용한 맬라 난민 캠프가 있어요. 매솟에도 카렌 난민촌이 있는데 그나마 이동이 자유로운 곳이에요. 반면 맬라 난민 캠프는 입구에서부터 태국 군대가 통제하는 곳으로 일반인은 접근할 수 없는 군사 지역이에요.

그곳을 통과하기 위해서는 몇 차례에 걸쳐 검문을 받아야 하고, 외국인의 경우 여권을 맡겨 놓아야 할 정도로 삼엄해요. 그럼에도 캠프 안으로 들어가지 못할 수도 있죠.

맬라 난민 캠프의 규모는 큰 마을이라고 봐도 될 만큼 컸어요. 입구에는 다양한 물건과 생선 등을 가판대에

놓고 파는 활기찬 시장이 펼쳐져 있어요. 오가는 사람들로 북적거리는 겉모습만으로는 여느 미얀마 마을과 분간하기 어려울 정도예요.

난민 캠프에서는 학교도 여럿 운영하고 있는데, 넓은 운동장에서 중학생으로 보이는 여학생 두 팀이 축구 경기를 하고 있었어요. 각자 자기 학교를 대표해서 실력을 겨루는 중이래요. 병풍처럼 산으로 둘러싸인 운동장에서 난민 청소년들이 골문을 향해 공을 찰 때마다 사람들은 함성을 지르며 응원했어요.

난민 캠프에서 태어나 바깥세상을 경험하지 못한 소녀들은 축구 경기에서 서로 정정당당하게 규칙을 지키자며 페어플레이를 다짐합니다. 환호성 속에서 멋진 대결을 펼치고, 진 편은 흔쾌히 손을 내밀어 승복하는 모습이 감동적이기까지 했어요. 그 이유는 이들이 사는 세상의 규칙은 스포츠처럼 결코 공정하지 않기 때문이에요.

맬라 캠프의 난민은 한 달에 200~300바트의 지원을 받는데, 원화로 환산하면 7,000~1만 원 정도 되는 금액이에요. 게다가 태국군의 허가 없이는 캠프 밖으로 자유롭게 외출하기도 힘들어요. 그렇다 보니 어떻게든 이곳에서 살아가기 위해 이웃이 힘을 모아 흙 위에 집을 세우

고, 우거진 정글을 개간해 농작물을 심었어요.

미얀마의 민주주의가 파괴되어 얻게 된 '난민'이라는 신분은 언제까지 이어질까요? 그중엔 10~30년째 이곳에 갇혀 살아가는 사람도 많아요. 특히 난민 캠프에서 태어난 아이들은 아주 잠깐의 외출을 제외하면 바깥세상을 경험해 볼 수 없다고 해요. 참으로 공정하지 못한 세상이죠. 그럼에도 축구를 통해 더 나은 세상, 더 공정한 세상을 만들라고 가르치고 있어요.

맬라 난민 캠프 청소년들은 더 넓은 세상에서 꿈을 펼칠 날이 오길 기다리고 있어요. 맬라 난민촌의 청소년들이 안전하게 바깥세상에 나오고, 그 부모님들이 미얀마 고향에 되돌아가는 일은 이들만의 힘으로는 가능하지 않습니다. 우리가 이 세계를 축구 경기처럼 공정한 세상으로 만들 수 있다면 비로소 굳게 닫힌 난민 캠프의 문도 열릴 수 있지 않을까요.

난민촌에 설립한 대학교가
교육의 중심지가 되다!

맬라 난민 캠프의 어른들은 수용 시설에 갇혀 자라는 아이들을 위해 초·중·고등학교를 만들고, 이제는 대학교까지 설립해 운영하고 있어요. 사실 난민 캠프에서 대학교 수준의 고등 교육을 제공한다는 것은 기적에 가까운 일이지요.

샬롬 대학교SALC에는 현재 225명의 재학생이 있고, 18명의 선생님이 세계사, 미얀마사, 심리학, 문화학, 영어, 음악 이론, 아세안지역학, 지역개발학, 인류학, 수학, 국제관계학, 정치학 등을 가르치고 있습니다.

샬롬 대학교의 부학장 리차드 씨는 1998년 미얀마 민주화 운동이 군부의 탄압으로 실패할 무렵 맬라 난민 캠프로 온 분이에요. 당시 청소년이던 그분은 충분히 먹지 못해 영양실조로 피부가 허옇게 튼 상태로 정글을 헤매다 기적적으로 이 캠프를 찾아냈다고 해요.

리차드 씨는 캠프에서 다시 고등학교 교육을 받을 수 있었어요. 그때는 외부의 지원이 가능해 다행히 학교를 다닐 수 있었대요. 어려움 속에서 교육을 받고 성장한 그분은 현재 이 캠프에서 청소년과 20대 청년을 가르치는 대학교수가 되었습니다. 난민 청소년이 어른으로 성장해 다음 세대를 교육하고 있는 것이지요.

샬롬 대학교의 커리큘럼 수준은 상당히 높다고 해요. 그래서 샬롬 대학교에서 공부하기 위해 캠프 안으로 들어오는 바깥 사람도 많다고 하네요. 난민 캠프가 태국에서 교육 중심지로 자리 잡은 셈이죠. 정말 놀라운 일 아닌가요?

샬롬 대학교의 목표는 난민 청소년들이 캠프 밖 세계에서의 삶을 포기하지 않도록 돕고, 또 그 삶을 실질적으로 준비할 수 있게끔 하는 데 있습니다. 자유와 민주주의가 보장되는 사회를 꿈꿀 수 있게 만드는 것이죠.

그런데 문제가 있어요. 샬롬 대학교는 학생들에게 편

한 잠자리와 식사를 제공하고 있는데, 외부 지원이 점차 끊기면서 운영이 힘들어졌다고 해요. 하지만 난민에게 경제적 도움을 줄 수 있는 건 어른뿐만 아니라 우리 청소년들도 가능하다는 사실을 잊지 마세요. 용돈을 1,000원씩 모아 전달하는 것만으로도 이들에겐 큰 보탬이 될 거예요.

물론 난민 캠프에서도 그저 도움을 받고만 있지는 않아요. 맬라 캠프의 난민들은 인근 지역의 헌혈 캠페인에 동참하는 등 태국 사회에 이바지할 방법을 스스로 찾기도 해요. 그러면서 난민의 인권에 대해 사람들이 좀 더 관심을 가져 주길 바라고 있어요.

이 QR 코드로 들어가면
샬롬 대학교의 소식과
학생들의 활동을 볼 수 있어요.

> **"**
>
> # 미얀마 공동체 병원을 만든
> # 신시아 마웅 씨 이야기
>
> **"**

1988년 민주화 시위에 대한 군사 정권의 탄압과 2021년 2월 군사 쿠데타 속에서도 미얀마 사람들은 민주주의 경험을 쌓으며 서로를 위하고 지키는 공동체 정신을 가꾸어 왔습니다. 결코 좌절하거나 포기하지 않았지요. 미얀마와 태국 국경에 위치한 메타오 클리닉(미얀마 발음으로는 메도 클리닉)은 미얀마 사람들의 민주주의에 대한 의지를 보여 주는 공동체 병원이에요.

태국은 1951년과 1967년 제정된 국제난민협약에 가입하지 않았기 때문에 자국으로 넘어온 미얀마 사람들을 난민으로 인정하지 않아요. 그래서 그들은 아무런 보호도 받지 못한 채 지내야 하죠. 그렇다 보니 열악한 환경에서 사고를 당하거나 질병에 걸려 건강이 나빠지기 쉽죠. 하지만 아무리 아파도 돈이 없기에 병원에서 치료받는 것은 꿈도 꿀 수 없어요.

이런 상황에서 미얀마인을 위한 의료 시설을 맨손으로 일군 분이 바로 신시아 마웅 원장이에요.

신시아 마웅 씨는 한때 꿈 많은 의대생이었습니다. 의대를 졸업하고 미얀마 카렌주의 한 마을에서 개원한 후 평범한 삶을 살아가려 했죠. 하지만 청년 의사 신시아 마웅 씨는 곧 역사의 큰 소용돌이에 휘말렸습니다. 바로 1988년 8월 8일에 일어난 미얀마 민주화 운동을 겪게 된 것이죠.

군대의 폭력적 진압으로 무수한 희생자가 나오고, 많은 사람이 국경을 넘어 태국으로 피신했어요. 그런데 이들을 돌볼 의료 인력이 무척이나 부족했죠. 그래서 신시아 마웅 씨는 정글이 우거진 험한 국경 지대를 건너가기로 결심했습니다.

1989년 2월 낯선 난민촌에 자리를 잡은 신시아 마웅 씨는 허름한 판잣집에서 간이 의료 장비를 갖추고 진단과 치료를 시작했고, 이곳이 메타오 클리닉의 모태가 되었어요. 어느새 할머니가 된 신시아 마웅 씨는 저에게 사진 한 장을 보여 주었어요. 젊은 의사가 임신부를 진료하는 모습이 담긴 사진이었어요.

"이 의사가 바로 저예요."

그러곤 인자한 미소를 지으며 재미있는 에피소드도 들려주었어요.

"당시엔 워낙 열악하다 보니 소독 장비도 제대로 갖출 수 없었어요. 하는 수 없이 밥솥으로 사용하는 통에 의료 도구를 넣고 가열해 소독하기도 했죠."

그때를 상상하면 메타오 클리닉의 지금 모습이 놀랍기만 합니다. 10여 동의 위생적인 치료 및 진료 공간을 갖춘 의료 생활 교육 공동체 병원으로 발전했거든요.

병원은 보통 아플 때 가서 돈을 내고 치료받는 의료 서비스 기관이죠. 하지만 공동체 병원 메타오 클리닉은 조금 달라요. 여기서는 임신부가 안전하게 아이를 낳을 수 있게 도와주고, 아이들을 위해 교육도 진행하고 있어요. 또한 난민을 돕고자 하는 어른들을 위한 의료 교육도 이루어지죠.

현재 메타오 클리닉에서 의료진이나 행정 직원으로 일하는 분 상당수가 이곳에서 청소년기를 보내며 성장한

사람들이에요. 메타오 클리닉은 타국에서 미얀마 공동체를 만들어 낸 역사가 담긴 병원이랍니다.

메타오 클리닉에는 한국인도 근무하고 있어요. 김성민 씨는 2016년 대학원 인턴십을 통해 매솟의 이주민과 난민 그리고 미얀마 내 소수 민족이 처한 상황을 알게 되었다고 해요. 그래서 2017년 대학원을 졸업한 후 매솟으로 돌아와 메타오 클리닉에서 정식으로 일하기 시작했다고 합니다.

처음에는 단순히 도움을 주겠다는 마음이었으나, 지금은 오히려 너무나 많은 걸 배우고 있다네요. 특히 난관을 헤쳐 나가는 공동체의 진정한 가치를 깨달았다고 해요.

메타오 클리닉의 신시아 마웅 원장은 2022년 5월 '광주인권상'을 수상했어요. 이 상은 미얀마인에게 특별한 의미가 있답니다. 한국 사회가 미얀마의 민주화를 응원한다는 메시지이기도 하거든요.

민주주의를 되찾기 위한 미얀마인들의 노력은 지금도 쉬지 않고 이어지고 있어요. 우리나라의 민주주의가 흔들릴 때 다른 나라의 수많은 사람이 우리와 함께했죠. "'지구라는 작은 행성에서 함께 살아갈 수밖에 없는 우리 모두는 세계 시민이다'라는 생각은 낭만적 이야기가 아니라 우리의 현실이에요."

한국에서 미얀마의 상황을 알리는 데 앞장서고 있는 미얀마 출신 청년 웨 노에 흐닌소 씨의 말입니다. 세계 시민으로서 우리 모두 함께할 때 세계의 민주주의도 지켜 낼 수 있겠지요?

3

여성과
소수자를 지키는
민주주의

용감한 무슬림 여성들이 가르쳐 준
민주주의의 진짜 의미

이번 장에서는 여성과 소수자를 위한 민주주의가
왜 중요한지 살펴보려고 해요. 지구상의 어떤 지역에서는
단지 여성이라는 이유만으로 심각한 인권 침해가 일어나고 있어요.
힘 있는 다수가 아니라서 차별받는 이들의 이야기를 들으며
우리 사회의 모습도 함께 돌아보아요.

여성과 소수자의 인권은
민주주의의 바로미터

인권은 사람이라면 누구나 보장받아야 할 최소한의 권리를 말해요. 남성, 여성, 어린이, 성인, 한국 사람, 미국 사람, 중국 사람, 장애인, 비장애인, 난민 등을 가리지 않고 모든 사람은 똑같은 수준의 권리를 보장받아야 한다는 얘기죠. 원칙적으로 인권은 모두에게 평등해야 합니다.

그런데 실제로 모든 사람이 인권을 평등하게 누리고 있을까요? 어떤 사람들은 다른 사람들보다 더 자주 인권을 침해당하곤 합니다. 여성이라서, 흑인 혹은 아시아인의 용모라서, 머리에 히잡을 두르고 있어서, 이름이 외국 사람 같아서, 혹은 몸이 부자유스러워서 날마다 무시당하고 있습니다.

이번 장에서 우리가 살펴볼 곳은 주로 시리아, 이란, 팔레스타인 같은 중동 지역의 상황이에요.

이야기를 시작하기에 앞서 한 가지 짚고 넘어가야 할 게 있어요. 이슬람 지역이기 때문에 혹은 이슬람 종교를 믿기 때문에 여성 인권 침해가 심각한 것이고, 따라서 결국 이슬람교가 문제라고 쉽게 결론을 내려서는 안 된다는 거예요.

중동 지역에서 여성 인권 침해가 심각해진 것은 최근의 상황이기 때문이에요. 이란이나 아프가니스탄 같은 나라는 주변 국가에 비해 오히려 여성의 자유와 권리를 잘 보장한 적도 있었어요. 하지만 이슬람 근본주의를 이어받은 탈레반이 아프간 지역을 장악하면서 기계적인 교리를 적용해 여성에 대한 비인간적 차별과 처벌을 일삼기 시작했어요.

1,000년 전의 세상과 현재는 분명 다른데, 그 시절의 율법을 기계적으로 적용해 여성의 인권을 탄압하고 있는 거예요.

이런 현상은 서양에도 존재했어요. 서양의 많은 기독교 국가는 동양의 여러 나라를 식민지로 삼아 수탈했고, 유색 인종을 차별했으며, 여성의 참정권을 막았지요. 미국에서는 1920년이 되어서야 여성에게 투표권을 부여했고, 흑인의 참정권은 1965년에야 법으로 보장받을 수 있었어요. 서독에서는 1957년에서야 남편의 허락 없이 여성이 직업을 가질 수 있었다고 해요.

아시아 국가는 유교적 전통 때문에 민주주의가 불가능하다고 주장한 서양 사람도 많았어요.

이렇듯 한 나라의 민주주의를 평가할 때는 그 사회의 종교와 전통이 민주주의 발전에 어떤 영향을 주고받는지 섬세하게 살펴보는 것도 중요해요.

우리가 이번 장에서 들여다볼 나라들은 모두 민주주의가 종교 극단주의에 패배하면서 여성의 인권까지 커다란 위기에 빠졌어요. 여성과 소수자를 위한 민주주의와 인권이 중요한 이유는 이것을 보장해야 사회 모든 이를 위해 민주주의가 제대로 꽃필 수 있기 때문이라는 걸 잊지 마세요.

"
지중해를 두 번 건너야 했던
앗시아 씨 이야기
"

앗시아 씨는 2015년 시리아에서 독일로 온 난민이었어요. 현재는 독일 수도 베를린의 구 정부 자문 기구인 참여·통합위원회 의장단에서 활동하고 있지요. 난민으로 독일에 온 후 독일어를 배웠는데도 벌써 난민 정책에 자문을 하며, 새로 들어온 난민들까지 돕고 있는 것이지요.

앗시아 씨는 일곱 남매 중 다섯째로 태어났어요. 어릴 때는 부모님께 무척 순종적인 딸이었다고 해요. 너무 순해 학교에서 놀림을 받을 정도였어요. 하지만 앗시아 씨의 마음속 깊은 곳에선 늘 이런 모습이 자기가 원하는 진짜 모습인지 의문이 생겼어요.

결혼 전 유치원 교사로 일한 앗시아 씨는 틈틈이 시간을 아껴 지역에서 글을 읽지 못하는 여성들을 위한 학교를 운영했어요. 수업을 받는 그룹이 3개가 될 정도로 여성들의 호응도 컸지요. 하지만 부모님의 반대로 2년간 해 오던 여성 학교를 접어야 했어요. 여자가 여권 신장 따위를 논하는 정치 활동을 해선 안 된다는 부모님의 말씀을 따르긴 했지만, 그때 앗시아 씨는 마음에 큰 상처를 입었다고 해요.

앗시아 씨가 자유롭고 독립적인 생활을 할 수 있었던 건 의외로 결혼 덕분이었어요. 그동안 딸이라는 이유로 일거수일투족을 감시받아야 했어요. 하지만 남편은 조용하고 자상한 성품이었어요. 자아를 찾기 위해 애쓰는 앗시아의 노력을 적극적으로 지지해 주었죠.

23세에 결혼한 앗시아 씨는 두 딸을 낳은 후 2004년 꽃 가게를 열었어요. 동네 손님들이 친구처럼 드나들고, 남편도 힘껏 도와주었던 그때가 참 행복했다고 앗시아 씨는 회상했어요.

앗시아 씨의 꽃집은 동네 여성들이 마음을 열고 교류하는 공간이 되었어요. 가부장적 사회에서 지역 여성들에겐 일종의 해방구였죠. 하지만 2012년 남편이 갑자기 행방불명되면서 앗시아 씨의 행복에도 그림자가 드리우기 시작했어요.

한 이웃으로부터 남편이 비밀경찰에 잡혀갔다는 얘기 들었지만, 그 외에는 아무런 소식도 알 수 없었죠. 결국 앗시아 씨는 아이들을 친척 집에 맡겨 놓은 채 남편의 행방을 찾아다녔어요. 처음에는 무슨 오해나 실수로 잡혀갔을 거라고 생각했죠.

시리아에서는 이렇게 체포되어 종적을 알 수 없이 사라져 버리는 사람이 많대요. 실종 후 몇 달이 지나자 가족과 친구들은 더 이상 남편을 찾지 말라고 이야기했어요. 다른 남자와 재혼하라는 말까지 나왔죠. 앗시아 씨는 하늘이 노래지는 것 같았어요. 하지만 희망의 끈을 놓지 않고 곳곳의 경찰서와 정부 기관을 찾아다녔어요.

수소문 끝에 마침내 남편이 시나이 교도소에 수감되어 있다는 정보를 얻고 면회를 신청했어요. 사라진 지 반년 만에 만난 남편은 무척 초췌한 모습이었어요. 한눈에도 고문을 받고 있다는 사실을 알 수 있었죠.

"당신, 잘 있었어?"

세 마디를 건네자마자 교도관이 곧바로 면회를 중지시켰어요. 그러고는 더 얘기를 하려면 큰돈을 내라고 했죠. 하지만 앗시아 씨에겐 그럴 만한 돈이 없었어요. 반년 만의 만남은 그렇게 끝이 났어요. 그리고 몇 개월이 지난 어느 날, 남편은 앗시아 씨에게 더 이상 면회를 오지 말라고 이야기했대요. 희망 없는 자신을 기다리지 말고 아이들을 위해 살아가라는 의미였던 것 같아요.

고향으로 돌아온 앗시아 씨를 사람들은 반겨 주지 않았어요. 누구의 짓인지 꽃집은 방화로 불타 없어진 뒤였어요. 정부의 눈 밖에 난 앗시아 씨와 딸들은 늘 눈치를 보며 살아야 했죠. 앗시아 씨는 더 이상 시리아에서 살 수 없다는 걸 깨닫고 도피 준비를 시작했어요. 그러던 중 남편이 풀려났다는 소식을 들었고, 앗시아 씨는 남편에게 달려갔어요. 그렇게 비쩍 마른 남편을 만나 말없이 부둥켜안고 울었죠. 부부는 하루라도 빨리 시리아를 떠나기로 의견을 모았어요.

앗시아 씨 가족은 시리아 북쪽 국경을 넘어 튀르키예로 넘어가기로 했어요. 시리아 정부군과 반군의 격전지를 뚫고 가야 했기 때문에 매일매일 위험한 순간이 이어졌지요. 멀고 험한 길을 자동차도 없이 걸어서 가야 했어요. 마침내 국경을 넘어 튀르키예의 한 마을에 도착한 앗시아 씨 가족은 그제야 몇 년 만에 안도의 한숨을 쉴 수 있었어요.

하지만 얼마 지나지 않아 자신과 남편을 찾는 정체 모를 시리아 사람들이 배회한다는 소문을 들었어요. 체포되면 시리아로 끌려갈지도 모르기에 이번에는 유럽과 가까운 해안 도시 이스탄불로 도망을 갔어요. 지중해를 거쳐 유럽으로 가는 밀항 보트를 타기 위해서였죠.

먼저 남편이 유럽으로 갔어요. 그런데 독일에 도착하면 남은 가족을 데리러 오겠다던 남편은 몇 개월이 지나도록 연락조차 없었어요. 남편의 생사도 알 수 없는 상태에서 앗시아 씨는 그동안 튀르키예에서 일해 모은 돈을 밀항 업자에게 주고 두 딸과 함께 보트에 올랐어요.

"밀항 보트는 고무로 된 작은 조각배에 불과했어요. 그 작은 배에 어른 50명과 아이 20명 정도가 탔지요. 망망대해 한복판에서 갑자기 모터가 작동을 멈췄고, 배 안에 물이 차기 시작했어요. 핸드폰으로 밀항 업자와 통화하려고 했지만, 연락이 되지 않았어요. 우리는 무게를 줄이기 위해 모든 짐을 버리기 시작했어요. 저도 마지막까지 들고 있던 배낭을 바다에 던졌죠. 누군가가 페이스북에 살려 달라는 메시지와 함께 보트의 위치를 올렸는데, 언론이 그 사실을 경찰에 알렸고, 튀르키예 경비대가 우리한테 다가왔죠."

그렇게 가까스로 살아났지만, 튀르키예 경찰은 이들을 국경 너머 시리아 반군의 난민 캠프로 되돌려 보냈어요. 반강제적으로 돌아온 시리아 난민 캠프의 환경은 너무나 열악했어요. 게다가 반군들은 오히려 앗시아 씨를 의심하고 괴롭혔어요.

앗시아 씨는 결국 다시 튀르키예로 탈출해 밀항 보트를 타기로 결심했어요. 다행히 이전의 밀항 업자를 우연히 다시 만날 수 있었죠. 앗시아 씨는 이번에는 진짜 유럽으로 갈 수 있다는 밀항 업자의 말을 믿는 방법밖에 없었어요.

밀항 보트는 해류에 떠내려가다 한밤중에 그리스의 어느 섬에 도착했어요. 해가 뜨자 순찰 중이던 그리스 경찰이 이들을 체포했어요. 이제는 시리아로 되돌아가지 않아도 된다는 걸 알았기에 지붕 있는 유치장 안이 오히려 편안한 쉼터 같았죠.

이후 난민 수속 중에 앗시아 씨는 남편이 이미 독일에 도착해 살고 있었음을 알게 되었어요. 앗시아 씨는 연락이 끊긴 남편의 도움 없이도 두 딸을 데리고 당당히 새로운 고향 독일에 정착했습니다.

시리아에서 독일로 오는 여정은 앗시아 씨가 다시 태어나는 과정이기도 했어요. 그는 여성이라는 이유로 제약을 받아서는 안 된다는 것을 깨달았어요. 그리고 다른 이들도 그런 대우를 받지 않도록 노력해야겠다고 다짐했지요. 무엇보다 정말 새 삶을 찾았다고 느낀 건 독일에 온 지 3년 6개월 만에 정규직으로 취직했을 때였다고 해요. 현재 앗시아 씨는 독일에 새로 들어온 난민들을 상담하며 직장이나 가족 문제 그리고 자녀 교육 등 다양한 분야에서 정착을 지원하는 일을 하고 있습니다.

앗시아 씨는 난민들을 도우면서 자신의 상처까지 치유받는 것 같다고 말했어요. 괴로운 기억에 시달릴 때마다 자신보다 더 힘든 이들이 있다는 사실 역시 함께 떠오른다고 합니다. 난민이 서로를 돕고, 그런 프로젝트를 적극 지원하는 사회가 있기에 앗시아 씨의 상처도 조금씩 아물지 않을까요?

"

이란 히잡 시위의 상징이 된
지나 마흐사 아미니

"

이라크와 맞닿은 이란 접경지대 쿠르디스탄주Kurdistan Province의 도시 사케즈Saqqez에서 1999년에 태어난 지나 씨는 중동 각지에 흩어져 사는 소수 민족인 쿠르드족이에요. 인구는 적지 않지만 자기 나라가 없기에 이란에서도 쿠르드족은 극심한 박해를 당하고 있습니다.

'지나'라는 쿠르드식 이름은 이란에서 차별의 대상이 될 수 있기에 부모님은 출생신고서에 마흐사라는 이란식 이름을 적어 냈어요. 하지만 그는 언제 어디서나 자신을 '지나'라고 소개했습니다. 가족이나 친구도 모두 그를 '지나'라고 부르고요. 지나는 이란에서 소수 민족으로서,

또 여성으로서 두 겹의 도전을 겪으며 살고 있었습니다.

2022년 스물두 살의 지나 마흐사 아미니는 패션과 노래 그리고 춤을 사랑하는 발랄한 청년이었습니다. 아버지가 물려준 시내의 작은 옷 가게를 꾸려 가면서도 대학에서 생물학을 전공하고 싶어 열심히 입시 공부를 했습니다.

지나는 이슬람 경전 《코란》을 열심히 읽는 신실한 신자였지만, 여성에게 히잡 착용을 강요하는 이란의 분위기가 답답했어요. 그래서 기회가 닿는다면 외국으로 나가서 자유롭게 살고 싶어 했죠.

2022년 가을, 지나는 친척들이 사는 이란의 수도 테헤란을 방문했습니다. 가고 싶었던 우르미아 대학에 합격해 가족들과 휴가 여행을 떠나온 것이죠. 지나는 대학 근처의 숙소를 알아보고, 아름다운 카스피해에서 해수욕도 즐겼습니다. 그런데 9월 13일 저녁 6시경, 지하철에서 막 내리던 지나와 사촌 일행에게 이슬람 종교경찰들이 다가왔어요.

이슬람 종교 경찰은 이슬람 율법을 엄격한 잣대 삼아 시민들의 '도덕 상태'를 재단하고 단죄해 이른바 '도덕 경찰'이라고도 불러요. 무자비하고 무모하기 때문에 이란에서는 경찰보다 더 두려운 존재죠.

그들은 지나 일행을 불러 세우더니 지나가 히잡을 제대로 쓰지 않았다고 트집을 잡았습니다. 저항하는 지나를 강제로 체포하면서, 항의하는 사촌들의 얼굴에 후추 스프레이를 뿌리기도 했어요. 그렇게 난폭하게 경찰서로 끌려간 지나는 불과 몇 시간 후 구급차에 실려 병원으로 이송되었어요.

그리고 2022년 9월 16일, 지나는 차가운 시신이 되어 가족에게 돌아왔습니다. 그의 머리엔 이전에 없던 상처가 생겼습니다. 오른쪽 귓속에는 피가 고여 있었고요. 지나가 경찰차 안에서 머리를 폭행당했다는 증언도 이어졌습니다. 하지만 이란 정부는 지나가 건강상의 문제로 돌연사했다고 발표했어요.

반민주적인 정권은 "내 삶의 주인은 나"라는 말을 싫어합니다. 복장과 머리카락 그리고 생각까지 바꾸고 고치려 하죠. 그런 사람들이 지나의 삶을 좌지우지하려 했던 것이지요. 그들은 여기에서 그치지 않고 결국 지나의 생명까지 빼앗았습니다.

지나의 할아버지는 손녀가 정부 주장처럼 건강상의 문제로 돌연사한 게 아니라, 국가 폭력의 희생자라고 확

신하고 있습니다.

지나는 아무도 예상하지 못한 순간에 황망하게 꽃다운 생명을 다했습니다. 하지만 그의 삶과 죽음이 잊힌 것은 아닙니다.

그의 죽음에 분노한 사람들이 거리로 달려 나갔습니다. 그들은 히잡을 벗어 태웠습니다. 이렇게 2022년 10월부터 3개월 동안 항의 시위를 하다 정부와 극단주의자의 폭력에 숨을 거둔 희생자는 450명이 넘습니다. 대부분 10대와 20대 여성들이에요. 다음 해 2월까지 체포된 시민은 약 2만 명이나 되었고요.

하지만 이란 정부는 눈도 꿈쩍하지 않았습니다. 세상이 이 일을 망각하길 기다리고 있는 듯합니다. 그래도 이란 사람들은 아직 포기하지 않고 거리에서, 또 학교에서 어느새 구호가 된 지나의 이름을 외치고 있습니다.

풀도 돋지 않은 그의 묘비에는 쿠르드어로 이렇게 새겨져 있습니다.

"사랑하는 지나, 너는 죽지 않을 거야. 너의 이름은 구호가 될 거야(ژینا ناتمری. تۆ ناوێکت دەبێتە هێما ڕەمز)."

그래미 어워즈에서 '사회 변혁의 노래상' 부문을 수상한
셰르빈의 노래를 함께 들어 봐요.

2023년 미국에서 열린 제65회 그래미 어워즈에는 특별한 시상식이 있었
어요. 노래를 통해 사회 문제를 알리고, 사람들의 행동을 바꾸어 가는 뮤지
션을 위한 '사회 변혁의 노래상(Best Song For Social Change Award)'이
생긴 거지요.
그 첫 번째 수상자가 이란의 싱어송라이터 셰르빈이었어요. 지나가 죽고 2
주 후 셰르빈은 〈바라예(Baraye)〉라는 제목의 노래를 SNS에 올렸습니다.
baraye는 '~를 위하여'라는 뜻이에요. 지나의 죽음에, 그리고 이란 정부의
여성 인권 탄압에 항의하는 수많은 이가 직접 보내온 가사로 이루어진 노
래예요. 발표 2일 만에 400만 명이 들을 정도로 사람들에게 많은 울림을
주었죠. 이때부터 이 노래는 이란 전역에서 그리고 세계 곳곳의 이란 여성
인권 탄압 반대 시위 현장에서 불리고 있어요.

이 QR 코드로 들어가 노래를 들어 보세요.

이 노래의 영어 가사도 함께 음미해 봐요.

For dancing in the street freely
거리에서 자유롭게 춤추기 위하여
For our fear of kissing our loved ones
사랑하는 이들에 입 맞출 때 처벌될 두려움을 위하여
For my sister, your sister, our sisters
나의 자매, 당신의 자매 그리고 우리의 자매들을 위하여
For the renewal of the rusted minds
녹슬어 버린 생각을 새롭게 하기 위하여

For embarrassed fathers with empty hands
손안에 아무것도 남지 않은 아버지의 헛헛함을 위하여
For the sigh over an ordinary life
평범한 삶 속의 한탄을 위하여
For the garbage-scavenging kid and her dreams
쓰레기 더미를 뒤지던 소녀와 그녀의 꿈을 위해
For this dictatorial economy
이 독재 사회의 경제를 위하여
For this polluted air
이 오염된 공기를 위하여
For the dying trees of the Vali Asr street
테헤란 발리 아스르 거리의 죽어 가는 나무들을 위해
For the extinction of persian cheetahs
멸종 위기의 페르시아 치타를 위해
For the murdered innocent street dogs
살해당한 거리의 죄 없던 개들을 위하여
For all the unstoppable tears
그칠 수 없이 흐르는 모든 눈물들을 위하여
For the image of this moment repeating again
되찾고 싶은 순간이 돌아올 것 같은 이미지를 위하여
For the smiling faces
미소 짓는 얼굴들을 위하여
For the students and their future
학생들과 그들의 미래를 위하여
For this compulsory heaven
억지로 강요되는 이 천국을 위하여
For experts in prison
감옥에 갇힌 전문가들을 위하여
For the Afghan kids
아프가니스탄의 어린이들을 위하여
For this non-redundant list of Barayes that goes on and on
이 생략될 수 없는 모든 "위하여"들을 위하여

For all these meaningless slogans
이 모든 의미 없는 구호들을 위하여
For all these collapsed buildings
이 모든 무너진 건물들을 위하여
For the feeling of peace
평화를 느낄 수 있기 위하여
For sunrise after long dark nights
긴 밤 지새우고 떠오를 태양을 위하여
For the sedative and insomnia pills
진정제 알약들과 불면증 알약들을 위해
For man, motherland, prosperity
남성과 조국 그리고 번영을 위해
For the girl who wished to be born as a boy
소년으로 태어났기를 바라던 어느 소녀를 위해
For woman, life, freedom
여성, 삶, 자유를 위해
For freedom
자유를 위해

이 노래의 마지막 구절 "여성, 삶, 자유를 위해"라는 문장은 쿠르드어로 "진, 지얀, 아자디(ژن، ژیان، ئازادی Jin, Jiyan, Azadî)"라는 구호를 옮긴 것입니다.

'지나'라는 이름은 쿠르드어로 '삶'을 의미하는 지얀(Jiyan) 그리고 '여성'이라는 의미의 진(Jin)과 어원이 같다고 합니다. 그의 이름처럼 정의롭고 행복한 우리 모두의 삶은 여성의 삶이 정의롭고 행복할 때에만 지켜질 수 있어요.

스위스의 어느 연구자는 이 노래가 전 세계에 퍼지게 된 것 자체가 특별하다고 이야기해요. 소수 민족의 언어인 쿠르드어로 이 구호를 외치며 여성 인권을 지켜 내는 일이 우리 모두의 인권 및 자유의 보장과 연결된다는 걸 사람들은 이 노래를 부르면서 깨닫고 있어요.

"불꽃같은 여성은 화형당하지 않는다"

2022년 10월 22일, 베를린 중심가에서 수많은 사람이 모여 이란 여성 인권 탄압에 반대하는 시위를 벌였습니다. 이날은 약 8만 명이 모였어요. 시위 현장 곳곳에 마련된 커다란 스피커에서는 "여성, 삶, 자유를 위해"라는 구호와 셰르빈의 노래 〈바라예〉가 연달아 울려 퍼졌죠.

떠들썩한 인파 속에서 "불꽃같은 여성은 화형당하지 않는다"라는 결연한 구호를 적은 플래카드를 들고 있는 아오레수라는 이름의 여성이 눈에 들어왔습니다.

아오레수 씨는 두 번째로 이란을 방문했던 바로 그날, 지나 마흐사 아미니가 이슬람 종교 경찰의 폭력에 사망하는 사건이 일어나 큰 충격을 받은 터였습니다.

아오레수 씨는 이란계 독일인입니다. 자신은 독일에서 태어났지만, 부모님 모두 이란 출신이에요. 그래서 청소년기에는 독일인과 이란인 사이에서 정체성의 혼란을 겪었습니다. 그러던 중 2017년 이란을 처음 방문했죠. 당시 이란의 아름다운 문화와 정다운 사람들을 만나면서 아오레수 씨는 자신 안에 숨어 있던 이란 사람으로서의 정체성을 새롭게 발견할 수 있었어요. 더불어 이란에 대한 자부심도 커졌지요.

그로부터 5년 만인 2022년 아오레수 씨가 이란을 다시 방문한 데는 특별한 동기가 있었어요. 독일에서 페미니즘을 공부한 후 자신감과 역량이 강해졌음을 느꼈고, 자신의 이런 경험을 이란의 여성 커뮤니티와 교류하며 나누고 싶었거든요.

그는 직업치료사로 일하면서 동시에 댄서로도 활동했어요. 그래서 언젠가 이란에 자신의 댄스 스튜디오를 열고 싶다는 포부도 갖고 있었죠.

하지만 아오레수 씨가 도착한 그날, 이란 사회는 지나의 죽음으로 인해 소용돌이에 휘말렸어요. 종교적 순종을 최고의 미덕으로 여기며 살아가던 사람들은 더 이상

불합리한 강요에 굴복하지 않았어요. 특히 젊은 여성들은 억압적 사회 분위기 속에서도 놀라운 용기를 발휘해 거리와 광장으로 나왔습니다.

아오레수 씨는 복잡한 감정에 휩싸였지요. 시위 희생자에 대한 슬픔과 안타까움, 그럼에도 용기를 잃지 않는 사람들에 대한 고마움과 자랑스러움이 교차했습니다. 설명하기 힘든 다른 감정도 솟구쳤습니다. 그건 일종의 자책감이었어요.

'나도 저 사람들과 함께 거리로 뛰쳐나가야 하는 것 아닐까?'

'나도 저기에서 내 히잡을 벗어 던지고 불태우며 저항해야 하는 것 아닐까?'

'그러다 목숨을 잃을 수도 있지만, 차라리 그러는 게 가치 있는 일 아닐까?'

아오레수 씨는 이런 생각을 하며 매일 고민했어요. 한편으론 목숨 걸고 시위에 나서는 사람들을 만나 이야기를 나누기도 했어요. 정해진 일정이 끝나고, 아오레수 씨는 다시 독일로 돌아왔어요. 하지만 이란 사람들과 더 오랫동안 함께하지 못했다는 후회가 밀려왔어요. 몸은 이란을 떠났지만, 마음은 아직 이란에 그대로 머물러 있었던 거예요.

그 후 아오레수 씨는 독일의 여러 언론과 인터뷰하며 이란의 상황을 널리 알리는 데 힘쓰고 있습니다. 반성하지도 성찰하지도 않는 이란의 반민주적 정권과 고집스러운 종교 근본주의자에 맞서려면 삶에 대한 진지한 사랑과 믿음, 그리고 구체적 꿈이 필요해요.

아오레수 씨의 불꽃같은 꿈이 다른 이들의 꺼진 꿈에 다시금 불씨를 퍼뜨릴 것이라고 믿어요. 불꽃같은 여성은 화형당하지 않고 자신의 꿈과 목소리를 높일 테니까요. 아오레수 씨의 마음이 슬픔으로 주저앉은 이들의 가슴에 다시 따스한 희망의 온기를 전하길 진심으로 바랍니다.

> ❝
> ## 나이는 중요하지 않아!
> ### 키미아 씨와 로냐 씨 이야기
> ❞

스물한 살인 키미아 씨는 지난 2022년 10월 베를린에서 열린 이란 여성 인권 탄압 반대 시위에 참여했어요. 이날 시위에는 10대나 20대 여성이 참 많았답니다. 그는 이란에서 태어났지만, 여덟 살 때 가족과 함께 독일로 망명했지요. 키미아 씨는 직접 제작한 포스터를 들고 1인 시위를 하기도 했습니다. 그는 자유를 위해 싸우는 용기 있는 이란 시민들과 연대하고 싶다고 말합니다.

"이란에서 거리 시위는 많이 줄어들었지만, 이란 사람들은 항의의 표시로 여전히 파업을 하고 있습니다. 또 많은 여성이 거부하기 때문에 이란 정부도 더는 히잡 착용을 강요할 수 없게 되었어요. 이란은 여전히 억압받는 사회이지만, 이란 사람들은 자유롭게 살기 위해 노력하고 있습니다.”

키미아 씨는 이란의 인권 상황에 전 세계인이 좀 더 관심을 갖고 지지와 연대를 보내 주기를 바랐어요. 이란 정부를 제재하는 것만으로는 충분하지 않고, 민주주의와 자유를 억압하는 현 정권이 바뀔 수 있도록 다양한 압박을 해야 한다고 말하죠.

키미아 씨의 부모님이 망명을 결심한 데는 어린 딸의 미래에 대한 고민도 큰 몫을 했을 것 같아요. 딸이 여성으로서 차별당하지 않고 자유롭고 행복하게 살길 바랐을 테니까요.

부모님이 이란에서 그랬듯 키미아 씨 역시 독일에서 독재적인 이란 정권에 저항하고 있었습니다.

우리가 만난 아랍권 여성들은 모두 자신의 힘과 의지로 인권과 민주주의를 지키려 생명을 걸고 싸우고 있었어요. 그리고 많은 남성 시민 역시 그들과 함께 구호를 외치며 연대했어요. 〈바라예〉를 부른 이란 가수 셰르빈처럼요.

뉴스에 따르면 이란에서는 심지어 용기 있는 여성들

이 사회로 진출하는 걸 막기 위해 여학교에 수차례 독극물 테러를 자행하기도 했대요. 교육 기회를 아예 빼앗아 여성의 인권 자체를 지우려는 것이죠.

이란보다 상황이 더 심각한 아프가니스탄에서는 탈레반 정권이 여성은 아예 중학교 이상 진학하지 못하도록 학교 출입을 금지시켰답니다. 이에 스물한 살의 아프가니스탄 여성 로냐(가명) 씨는 비밀 학교를 만들어 여학생들에게 공부를 가르치고 있어요.

새벽 6시, 비밀 아지트 같은 곳에 중학생 또래의 소녀들이 모이면 수업이 시작됩니다. 소문을 듣고 알음알음 찾아온 여학생들은 먼저 지리 수업을 받고, 이어 조지 오웰의 《동물 농장》을 읽는 문학 수업에 눈을 반짝이며 집중했어요.

탈레반에 적발되면 무서운 처벌을 받을 테지만, 로냐 씨는 용기를 갖고 이 비밀 학교를 운영 중이에요. 정식 학교에서 쫓겨나 울먹이던 친동생을 위해 시작한 비밀 학교를 포기할 수 없다고 합니다.

키미아 씨와 로냐 씨는 둘 다 갓 스물을 넘긴 청년이에요. 불과 20~30년 전 한국에서도 대학생을 비롯한 많은 청년이 민주주의를 외치며 학교에서, 거리에서 시위를 했어요. 독재 정권의 탄압에도 용기 있게 나선 그들이 있었기에 오늘날 민주주의가 꽃을 피우게 되었죠. 키미아 씨와 로냐 씨, 그리고 이 장에서 소개한 여성들을 보면 이슬람 세계의 민주주의 앞날이 결코 어둡지만은 않다고 생각해요. '행동하는 불꽃'이 된 여성들의 활동을 지지하고, 그들의 손을 잡아 주는 것이야말로 우리가 함께 민주주의를 만들어 나가는 과정이랍니다.

특히 키미아 씨를 비롯한 아랍권 여성들은 종교적 전통과 가치가 민주주의와 잘 어우러질 수 있다고 말해요. 이슬람 교리를 사람들을 억압하는 데 쓰는 게 문제라는 것이죠. 결국 민주주의는 각자의 전통 속에서 나름의 가치를 찾아내야 하는 거라고 믿어요.

시대와 상황은 달라도 민주주의를 교과서 속 이론이 아니라 현실로 만들고자 하는 그 모든 노력이 민주주의를 '지켜야 할 더욱 소중한 것'으로 만드는 것 같아요. 우리가 그런 노력들에 더 관심을 갖고 지원해야 민주주의가 퇴행하지 않고 앞으로 전진할 수 있겠지요.

"
소수를 존중하는 민주주의가
진정한 민주주의
"

지금 이란, 아프가니스탄, 시리아 사람들이 맞닥뜨린 민주주의와 인권 위기는 무엇보다 여성과 청소년에 집중되어 있기에 더욱 심각합니다. 이들은 그 사회를 지배하는 다수의 남성 권력자가 정해 놓은 틀에 맞춰 차별당하고 있어요. 그런 사회는 결코 민주주의 사회라고 말할 수 없어요.

이번 장에서 소개한 여성들은 이런 억압적 환경 속에서도 자신의 의지로 삶을 개척하고, 목소리를 내고 있어요. 더불어 여러 사람과 연대해 활동하고 있죠. 이들은 결코 소수가 아니에요. 단지 충분한 권한과 자유를 누리지 못하기 때문에 소수로 취급당하며 탄압받고 있을 뿐이에요.

그런데 정말 다수가 원하는 일이라면 바깥세상에서 보기에 인권 침해 같은 문제가 있더라도 강행하는 게 옳은 것일까요? 소수의 반대 따윈 무시하고 다수결 원칙에 따라 결정하는 게 민주적인 것일까요?

사람들은 흔히 민주주의 사회는 다수의 지배를 허용하는 사회라고 말해요. 그러면서 다수결 원칙을 최대의 가치로 내세우죠. 왠지 맞는 말 같다고요? 그렇다면 '다수결 원칙'과 '다수의 지배'라는 말이 갖고 있는 의미를 조금 더 차근차근 살펴볼게요.

먼저 '다수결 원칙'에 대해 생각해 볼까요? 다수결 원칙은 많은 사람이 함께 결정을 내려야 할 때 효율적이면서도 대부분 사람이 만족할 수 있는 결론을 내리게끔 도와줍니다. 그렇다고 해서 다수결 원칙이 언제나 가장 민주적인 결정 방식이라고 오해해서는 안 돼요. 남이 결정해 주는 것이 아니라 나만이 결정할 수 있는 것도 존재하거든요. 예를 들어, 이란 등에서 여성 인권의 범위를 가부장적 사회 분위기에 따라 정하는 것은 잘못된 일이에요. 여성이 스스로 정해야 할 문제를 경직된 사회가 결정해 강요하기 때문이에요.

그리고 민주주의를 '다수의 지배'라고만 정의하면 또 다른 문제가 발생할 수 있어요. 이 개념은 역사적으로 왕과 귀족 같은 특권층이 일반 시민을 지배할 당시, 소수의 결정에 다수가 노예처럼 휘둘리거나 복종해서는 안 된다는 의미에서 탄생한 거예요.

하지만 힘없고 소외당한 이들이 소수이거나 소수처럼 느껴질 때, 이들의 인권을 힘센 다수가 함부로 해도 된다는 의미는 결코 아니에요. '다수의 지배'라는 말을 기계적으로 적용하면 민주주의 사회의 포용적 모습은 멀어지고 말아요.

이처럼 다수결 원칙과 다수의 지배 개념을 잘못 받아들여 한국에서도 소수자의 인권이 쉽게 뒷전으로 밀리고 있는 것은 아닐까 생각해 봅니다.

예를 들어 생각해 볼까요? 얼마 전 한국에서 이슬람교도들이 이슬람 성전, 즉 모스크를 지으려다 가로막힌 일이 있었어요. 법적으로 건축 허가도 받은 상태였지만, 이슬람교도와 한국에 거주하는 외국인을 멸시하는 일부 지역 주민 및 정치 단체가 거칠게 반대했죠. 이슬람교에서 금지하는 돼지고기를 그들 앞에서 굽고, 평범한 신자

들을 잠재적 테러리스트로 매도하는 플래카드를 내걸기도 했어요. 이런 혐오 행동은 우리 사회의 민주주의까지 해치는 일이에요.

이런 행동의 바탕에는 자신이 다수에 속하기 때문에 우월한 마음으로 소수를 무시하거나 억압해도 된다는 생각이 깔려 있어요. 하지만 이게 바로 히틀러와 독일인이 유대인을 탄압한 배경이었답니다. 당시 다수 독일인의 묵인 속에서 소수의 유대계 독일인은 모든 사회적 문제의 근원으로 매도당했어요. 그리고 홀로코스트 속에서 말할 수 없는 희생을 치렀습니다.

마찬가지로 우리 사회에서 소수인 이슬람교도를 잠재적 테러리스트로 취급하는 일도 결코 용납해서는 안 돼요. 앞서 보았듯 무슬림 중에도 민주주의를 사랑하고 자기 사회를 더 나은 곳으로 바꾸려고 노력하는 이들이 많답니다.

그런 사람들까지 이슬람 근본주의 세력과 한데 묶어 비난하는 것은 비이성적인 일이에요. 다수가 벌이는 혐오 행동을 그대로 방치한다면 내가 다수가 아닌 소수가 되었을 때 나의 인권과 자유를 온전히 누릴 수 있을까요?

인터넷에는 피해자에 대한 조롱을 마치 놀이처럼 여

기는 사람이 많아요. 세월호 참사나 이태원 참사가 일어났을 때도 희생자 가족들에게 엄청난 고통을 안겨 주었지요. 기본적인 생명권과 행복 추구권을 침해당한 이들의 호소를 마치 사회에 혼란을 일으키는 세력처럼 몰아가며 비난했어요.

대한민국 헌법 제10조에는 이렇게 쓰여 있답니다. "모든 국민은 인간으로서의 존엄과 가치를 가지며, 행복을 추구할 권리를 가진다. 국가는 개인이 가지는 불가침의 기본적 인권을 확인하고 이를 보장할 의무를 진다."

인간으로서의 존엄과 가치를 침해받은 이들의 목소리를 다수가 무시하는 것은 올바른 민주주의 사회가 아니에요.

매년 열리는 퀴어 퍼레이드를 둘러싼 논란도 이런 맥락에서 다시 한번 돌아봤으면 좋겠네요. 소수자들의 문제 제기를 적극적으로 포용하고 논의하지 못하는 사회는 결코 건강하다고 할 수 없어요.

민주 사회일수록 '내 삶의 주인은 나'라는 자기 결정권을 보장해야 합니다. 다수결 원칙을 내세워 개인적 삶의 본질적 부분까지 결정해서는 안 되는 것이지요.

아프가니스탄의 탈레반 정권, 중국의 공산당 정권, 북

한의 독재 정권 그리고 과거 한국의 군사 독재 정권이 비판받는 것은 마땅합니다. 그들은 하나같이 전통과 종교, 경제적 번영과 민족의 부흥, 체제 수호 같은 허울 좋은 이념을 내세우며 여성과 소수자 그리고 비판 세력은 물론 시민 사회 전반을 탄압하기 때문이죠.

"전쟁이 끝났어!"

2024년 말, 앗시아 씨는 감격에 찬 목소리로 말했어요. 고향 시리아에서 14년간 이어진 긴 내전이 끝난 것이지요. 시리아에서도 민주주의의 시간이 시작되었습니다. 고통스러운 과거를 딛고 여성이 행복하고 소수자가 차별받지 않는 행복한 민주 사회로 나아가길 진심으로 기원합니다. 스스로 결정하고 앞장서 이끄는 용감한 여성들이 진정한 민주주의를 이룩하리라 굳게 믿습니다.

4

민주주의,
문화의 힘!

몽골에서 찾은
민주화 운동의 성과와 도전

1987년 6월 10일, 서울시청 앞 광장에
셀 수 없이 많은 사람이 모였어요. 대통령 직선제를 외치며
민주주의를 갈구하는 시민들의 목소리가 가득 찼지요.
이 6·10 민주 항쟁을 통해 대한민국은 진정한 민주주의 국가로
탄생할 수 있었어요. 몽골에서도 1989년 울란바토르 광장에
수많은 시민이 모여 민주주의를 외쳤어요. 권위주의 이웃 국가들의
견제 속에서도 평화적 민주 혁명을 이룬 몽골의 이야기를 통해
우리의 민주주의와 민주주의가 키워 낸
문화의 힘을 함께 생각해 보아요.

"

울란바토르 광장에 울려 퍼진
몽골의 민주화 함성

"

대한민국을 '무지개의 나라(솔롱고스)'라고 부르는 이웃 나라가 있습니다. 바로 몽골입니다. 그런데 몽골이라는 나라를 떠올리면 전 세계를 정복한 칭기즈 칸이 세운 나라로만 기억하는 사람이 많아요. 그리고 고려 시대 이후 우리나라와 동떨어진 나라로만 알고 있는 사람도 많지요.

그런데 요즘 몽골을 방문한 사람들은 그 모습이 한국의 신도시와 비슷해서 깜짝 놀라곤 합니다. 특히 번화가에서 쉽게 눈에 띄는 한국 관련 상점과 식당을 보면 신기할 정도예요. 그만큼 한국 문화를 많이 받아들이고, 한국을 친근하게 생각하는 나라가 몽골이에요.

한국은 몽골의 상위 네 번째 교역국일 정도로 많은 무역과 교류를 하고 있어요. 유학, 직장, 여행 등 다양한 목적으로 한국을 방문하는 사람들로 인해 한국행 비행기는 언제나 만석이라고 해요. 그런데 막상 한국 사람들은 몽골에 대해 잘 모르는 것 같아요.

왜 우리는 그동안 몽골에 대해 잘 모르고 지냈을까요?

몽골과 우리나라는 사람들의 외모뿐만 아니라 문화적으로도 비슷한 점이 아주 많아. 사용하는 언어도 비슷한 게 많고요. 심지어 몽골의 전통적 상징인 소욤보 Soyombo에는 태극 문양이 들어가 있답니다.

무엇보다 몽골과 우리나라는 아주 중요한 공통점이 있어요. 바로 주변 국가의 방해 속에서도 독재를 극복하고 꿋꿋하게 민주 국가를 건설했다는 점이에요. 스스로의 힘으로 민주화 운동을 일으켜 독재를 극복한 것이지요.

몽골의 민주주의 이야기가 더욱 놀라운 것은 이 나라가 강대국 러시아와 중국 사이에 끼여 있다는 점 때문입니다. 현재 러시아는 내부의 민주주의 세력을 억압하면서 밖으로는 우크라이나 침략 전쟁을 벌이고 있고요. 중국은 아직도 천안문 사태의 희생자를 공개적으로 언급하는 게 쉽지 않은 사회죠. 게다가 위구르 소수 민족을 차

별하고 홍콩의 민주화 시위를 억누르고 있어요.

민주주의를 반기지 않는 거대한 두 나라 사이에 섬처럼 끼여 있으면서도 몽골은 어떻게 민주주의 제도를 구축할 수 있었을까요?

한국 사회가 기나긴 군부 독재에 맞서 민주화를 쟁취해 나가던 1989년 무렵, 구소련의 위성 국가 몽골에서도 커다란 변화의 계기가 움트고 있었습니다.

1989년 수많은 몽골 시민이 수도 울란바토르의 의사당 앞 광장에 모였습니다. 시민들은 오랫동안 금기어였던 '자유'와 '민주' 그리고 '인권'을 외쳤지요. 이를 계기로 민주화 운동이 확산했고, 사회주의 국가로는 드물게 평화적으로 민주주의를 일구어 낼 수 있었어요.

1992년 소련이 해체되면서 동유럽 등 구소련의 위성 국가 중 제대로 민주주의 이행에 성공한 나라는 많지 않아요. 조지아, 몰도바, 우크라이나 정도만 실질적인 민주주의 국가가 되었죠.

몽골은 민주주의 국가로 전환하는 데 성공했을 뿐만 아니라, 이후에도 수차례 정상적인 선거에 따라 여야 간 정권 교체도 이루어졌어요.

세계 어느 나라에서든 군사 독재 정부는 결코 쉽게

권력을 포기하려 하지 않아요. 그래서 시민들의 비폭력 시위조차 무자비하게 탄압해 많은 피해자가 생기곤 하죠. 한국도 1980년의 5·18 민주화 운동부터 1987년의 6·10 민주 항쟁까지 수많은 사람이 목숨을 잃었습니다.

그에 비해 1989~1990년 몽골 정부는 민주주의를 외치는 시민들의 요구를 반영한 헌법을 평화적으로 수용했습니다. 시민들의 요구를 묵살하려는 공산당 강경파의 주장을 극복하고 일당 독재를 다당제로 바꾼 것입니다. 소련의 첫 번째 위성 국가로서 지배 체제를 공고하게 유지하던 정부가 스스로 권력을 내려놓은 것이지요. 몽골의 평화 혁명은 이렇게 기적처럼 이루어졌어요.

"
몽골 평화 혁명의 청년 지도자, 조릭 이야기
"

민주화 운동 이후 몽골은 민주주의 국가로 한 발씩 나아 갔어요. 2016년에는 정치·사회적 자유도에서 한국보다 높은 순위에 오르기도 했죠. 같은 기간 몽골의 언론 자유 지수 역시 한국보다 높았습니다.

몽골 민주화 운동의 상징적 정치인을 꼽는다면 대부분의 몽골 사람은 산자수레깅 조릭이라는 이름을 떠올립니다. 1989년 당시 28세의 청년 조릭 씨는 몽골 국립 대학교의 젊은 선생님으로서 민주화 세력의 지도자 역할을 맡았습니다.

조릭 씨의 어머니는 몽골의 유명한 여배우였고, 아버

지는 몽골 국립 대학교 교수였습니다. 조릭 씨는 소련으로 유학을 떠나 모스크바 국립 대학교에서 공부하기도 했어요. 체스를 잘 두어서 몽골 체스연맹 회장으로 취임할 정도로 다재다능한 사람이었죠.

무엇보다 그는 독재에 맞서면서도 조화롭게 갈등을 조정하는 민주적 리더십을 지닌 사람이었어요. 젊은 조릭 씨를 보며 몽골 사람들은 이제야말로 새로운 민주주의 시대가 올 것이라고 기대했어요. 몽골 시민들은 조릭 씨와 함께 새 헌법을 제정하고, 선거를 치르며 민주주의 몽골을 꿈꾸고 있었어요.

하지만 안타까운 일이 벌어집니다. 민주화 운동이 성공하고 10년 후, 조릭 씨가 의문의 죽음을 맞이한 거예요. 집에서 강도들에게 살해당했는데, 아직까지 정확한 범행 동기는 밝혀지지 않았어요. 그야말로 몽골 현대사에서 가장 큰 물음표로 남은 사건이죠. 마치 우리나라의 김구 선생님 암살 사건과 비슷해요.

조릭 씨의 죽음은 몽골이 민주주의를 이룩하기 위해 얼마나 많은 도전을 극복해야 했는지를 보여 줘요. 러시아와 중국이라는 두 권위주의 대국 사이에 위치한 몽골은 두 나라의 영향을 많이 받을 수밖에 없어요. 실제로도

에너지 자원은 러시아에, 무역은 중국에 크게 의존하고 있지요.

그럼에도 몽골 사람들은 유목민의 강인함으로 새로운 길을 찾고 있어요. 광야에서 양과 말을 키우며 사는 40대 여성 도야 씨는 조릭 씨가 민주화 운동을 이끌던 당시 어린 학생이었지만, 친구들이 도시로 떠날 때 청년 지도자로서 마을 공동체를 지켰어요. 그는 지금도 몽골에 닥친 기후 위기에 맞서 변화를 이끌고 있습니다. 몽골 사람들은 이처럼 청년 지도자 조릭 씨의 뜻을 이어가고 있어요.

또, 글로브 인터내셔널 센터GIC같이 외세와 권력의 영향에서 독립적인 시민 단체들을 만들며 부패와 권위에도 대항해 싸웠어요. 얼마 전에도 몽골에서 에너지 자원을 둘러싼 부패 사건이 터지자 대륙의 추위에도 아랑곳하지 않고 수많은 시민이 광장에 나와 항의 시위를 벌였죠.

조릭 씨의 이야기는 이제 몽골 텔레비전에서도 자주 다루는 소재가 되었습니다. 젊은 나이에 삶을 마쳐야 했지만, 민주주의 국가 몽골을 세우기 위한 조릭 씨의 헌신은 새로운 시대의 젊은이들에게 민주주의의 소중함을 일깨워 주고 있습니다.

"

과거를 제대로 밝히면
진실 위에 민주주의가 꽃피어요

"

한 나라가 민주주의 국가로 성장해 가는 과정에는 여러 가지 갈등이 생겨요. 그런데 민주주의 정신이 미숙한 권위주의나 전체주의 사회에서는 갈등을 막기 위해 폭력적 방법을 동원하곤 하죠. 평화롭게 시위하는 시민을 총으로 진압하고, 감옥에 가둬 고문하며 억압해요. 이런 과거를 묻어 버리는 것이 과연 민주주의 사회일까요?

민주주의가 발전한 나라일수록 과거의 상처를 제대로 밝히고 바로잡는 작업을 하고 있어요. 몽골에도 과거사를 바로잡는 국가명예회복위원회 State Commission on Rehabilitation라는 기구가 있어요. 정치적 박해를 받아 희생

된 사람들의 명예를 회복시키고, 진실을 밝히는 업무를 하는 곳이죠.

몽골에서는 1930년대 후반 대규모 인권 탄압이 자행되었어요. 수많은 피해자가 생겼고, 그 후손들은 긴 세월 동안 고통을 참고 숨기며 살아야 했지요. '대숙청'이라 불리는 이 사건은 희생자만 3만여 명에 달했어요. 일부에서는 거의 10만 명이라고 추정하기도 해요.

이 대숙청 사건은 소련의 서기장이던 스탈린이 정적들을 제거하기 위해 시작한 거였어요. 그리고 소련의 위성 국가 몽골에도 영향을 미쳤죠. 이때 무고한 시민이 엄청나게 희생당했어요.

하지만 몽골 사람들은 그로부터 거의 60년이 지나도록 대숙청의 희생자에 대해 관심을 공개적으로 표현할 수도, 진실을 제대로 밝히지도 못하고 있었어요. 그러던 중 1990년에야 국가명예회복위원회가 설립되었고, 1998년이 되어서야 어느 정도 진상 규명이 이뤄졌어요. 하지만 아직까지도 희생자들의 명예가 완전히 회복되지 못한 상황이에요. 90년이 지난 사건이지만 아직도 여전히 많은 사람의 마음속에 상처로 남아 있죠.

몽골의 대숙청 사건은 한국의 4·3 사건과 비슷해요.

70여 년 전 제주도에서도 수만 명의 시민이 국가에 의해 별다른 이유 없이 학살당하고 낙인이 찍힌 채 살아가야 했어요.

긴 세월이 흘러 2024년, 제주 4·3 사건은 노벨 문학상을 수상한 한강 작가의 《작별하지 않는다》에서 다루어지며 세계적으로 알려지게 되었어요. 섬세한 언어로 재구성된 당시의 비극적 상황을 작품 속에서 돌이켜 보며 우리는 성찰의 기회를 얻습니다. 앞으로는 절대 아픈 상처를 남기지 말자 다짐하게 됩니다. 민주주의에서 꽃피운 문화의 힘이란 바로 이런 것이겠지요?

몽골에서도, 한국에서도 과거의 진실은 결국 밝혀졌답니다. 민주주의 국가의 주인인 시민에게 총부리를 겨눈 사람들의 잘못도, 희생당한 시민들의 억울함과 상처도 긴 세월이 흘러 세상에 드러나게 되는 것이죠. 이처럼 민주주의는 진실을 사랑하는 사람들의 편이랍니다.

잘못을 저지른 많은 정치인이 그때만 모면하면 사람들한테 잊힐 거라고 생각해요. 하지만 거짓은 참을 이길 수 없어요. 열린 마음으로 역사를 돌이켜 보고 잘못된 것을 바로잡으려는 노력 속에서 민주주의 사회는 더욱 튼튼해질 거예요.

> **"**
> ## 민주주의는 문화를
> ## 풍성하게 만들어요
> **"**

지금은 전 세계에서 K-팝이 가장 인기 있는 음악으로 손꼽히는 시대예요. 우리한테 익숙해서 그렇지 한류는 사실 엄청 놀라운 현상이에요. K-팝 이전까지는 미국, 영국, 프랑스, 독일 등 서양 문화가 전 세계 사람들에게 영향을 미쳤기 때문이지요. 이들 국가는 힘이 세고 식민지도 많이 거느렸던 서구 열강이에요. 자국의 문화를 총과 칼을 동원해 식민지 사람들에게 반강제적으로 강요했죠.

반면, 한때 식민지였던 아시아권의 문화가 이렇게 서구 여러 나라에 전방위적으로 영향을 준 것은 한류가 거의 처음이라고 할 수 있어요. 그만큼 우리나라 사람들의 자부심도 크지요. 그런데 요즘은 몽골의 대중음악과 전통 문화도 유럽과 영미권에서 상당한 인기를 끌고 있어요.

몽골의 '더 후The HU'는 몽골 전통 악기를 사용하고 '흐미'라는 신기한 발성법으로 노래하는 록 밴드예요. 록은 자유와 저항을 표현하는 음악 장르로 유명한데요, 지평선까지 펼쳐진 몽골의 광야를 배경으로 장발을 휘날리며 전통 악기를 연주하는 더 후의 장중한 음악은 어떤 서양 밴드보다도 록의 정신을 잘 표현하고 있어요. 그래서인지 더 후의 유튜브 구독자가 무려 150만 명이나 돼요. 많은 세계인이 더 후를 통해 몽골의 전통과 역사에 관심을 갖게 되었지요.

마치 한류를 통해 한국의 전통과 역사를 발견하는 외국 팬들의 모습과 비슷하지 않나요? BTS 멤버 슈가의 뮤직비디오 〈대취타〉를 보고 우리의 전통 국악인 대취타까지 찾아보는 것처럼요.

〈포린 폴리시Foreign Policy〉라는 잡지에서는 더 후를 "칭기즈 칸 이후 최고의 정복자"라고 표현했어요. 그만큼 유럽인들에게 더 후의 인기가 높다는 뜻이에요. 이 기사에선 몽골과 중국을 비교하고 있어요. 몽골에서는 이렇게 유명한 밴드가 나오는데, 인구도 더 많고 부유한 중국에

서는 왜 세계적 대중음악가가 나오지 않는가 묻고 있지요. 여러분은 그 이유가 무엇이라고 생각하나요?

현재 몽골에서는 록뿐만 아니라 힙합, 재즈 등 다양한 대중음악이 꽃피고 있어요. 수도 울란바토르의 번화가에 있는 한 공원에는 영국의 전설적 밴드 비틀스의 벽화가 그려져 있는데, 그 앞에서 자유롭게 브레이크 댄스 연습을 하는 비보이들의 모습을 흔히 볼 수 있어요. 마치 우리나라의 홍대 앞이나 대학로 같은 풍경이에요.

이렇게 자유로운 문화를 장려하고 키워 내는 것도 민주주의예요. 민주주의 사회에서는 국가가 시민의 생각과 행동을 제약하거나 인권을 침해하지 않죠. 오히려 창의성을 키워 주고 보호해 줘요. 이런 바탕에서 멋지고 새로운 문화가 만들어지는 것이지요. 한국과 몽골의 문화가 세계의 주목을 받는 것은 바로 두 나라 모두 민주주의 사회를 만들어 냈기 때문이에요. 2024년 한강 작가의 노벨 문학상 수상에도 민주주의의 경험이 바탕이 되었다고 생각해요.

민주주의는 자유로움 속에 깊이를 담는 매력적인 문화의 토양입니다. 또 민주주의를 열망하는 나라에 민주적 삶이 어떤 모습인지 자연스럽게 알려 주죠. K-드라마가 민주주의나 인권 문제와 관련해 많은 지적을 받는 중동과 중국 등지에서 인기가 많은 건 아주 뜻깊은 현상이라고 생각해요. 한류 문화가 자유와 평등 같은 구호를 드러나게 사용하지 않고서도 그런 삶이 어떤 것인지를 잘 보여 주고 있으니까요.

자유롭게 자신의 능력을 키워 가는 당찬 여주인공의 모습에서 중동의 많은 소녀가 자신의 미래를 그려 본다고 해요. 이렇듯 민주주의가 만들어 낸 대중문화는 민주주의를 널리 전파하는 수단이기도 한 것이죠. 그래서 북한과 중국, 일부 중동 국가에서는 K-드라마의 시청을 제한하기도 해요.

"

한국의 〈아침 이슬〉과 몽골의 〈종이 울리네〉, 노래로 퍼져 나간 민주주의

"

"긴 밤 지새우고 풀잎마다 맺힌…."

여러분은 〈아침 이슬〉이란 노래를 들어 보셨나요? 이 노래를 지은 김민기 선생님이 운명하셨다는 뉴스를 보고 무척 슬펐던 기억이 있어요. 멜로디만큼이나 아름다운 가사로 사랑받는 김민기 선생님의 노래는 특히 암울했던 1970~1980년대에 한 줄기 희망처럼 다가오곤 했죠.

포크 음악은 '민요'라는 뜻인데요, 각 나라와 지역의 특색 있는 음악을 일컫는 말이에요. 하지만 음악 장르에서 '포크'라고 하면 영미권의 전통 가요를 주로 이야기했어요. 통기타를 치며 노래 부르는 포크 음악은 1970년대

한국 청년들에게 큰 인기를 끌었죠.

특히 〈아침 이슬〉〈상록수〉〈행복의 나라로〉 같은 노래는 사람들의 슬픔과 희망, 꿈과 현실을 담담하게 표현했어요. 당시 군사 독재 정부는 김민기의 음반에 담긴 노래를 모두 금지곡으로 만들었고, 방송이나 라디오에서도 틀지 못하게 했죠. 하지만 사람들은 보이지 않는 곳에서 그의 노래를 지켜 냈어요.

그리고 1987년 독재 정권이 시민들의 민주화 시위에 무너질 때 이 노래들은 광장에서 골목까지 널리 울려 퍼졌습니다. 특히 〈아침 이슬〉은 운동 가요를 모르는 일반 시민들까지 거리에서 함께 목청 높여 불렀어요. 누구도 배제하지 않으면서 모두를 품었던 노래죠. 이처럼 김민기의 노래는 암울했던 독재 정권 치하에서도 서로를 믿고 지켜 주던 소중한 기억을 담은 채 우리에게 민주화 운동의 의미를 전해 주고 있어요.

몽골의 민주화 운동은 우리보다 2년 정도 늦은 1989년에 거세게 일어났어요. 우리가 〈아침 이슬〉을 기억하는 것처럼 몽골 사람들은 그 시절을 〈종이 울리네〉라는 노래로 기억하고 있답니다.

몽골의 밴드 '헝흐Хонх, Honh'가 부른 이 노래는 긴 악몽

에서 나를 깨워 줄 자유의 종이 지금 울렸다며 모두 함께
일어나자고 호소합니다. 노래의 가사는 다음과 같아요.

어젯밤 나는 무서운 꿈을 꾸었어.

그 꿈은 아직도 날 괴롭히지.

그 꿈은 내 숨을 막고 내 눈을 가렸어.

그때 행운처럼 종소리가 울렸어.

겨우 난 잠에서 깨어났어.

종소리여, 울려라. 나를, 우리를 깨워 다오.

노래의 힘 때문이었을까요? 아니면 그 노래를 통해
몽골 시민들이 마침내 한데로 모은 힘 때문이었을까요?
몽골은 수십 년간 이어 오던 공산당 일당 독재를 평화적
인 방법으로 끝내고, 민주주의 사회로 첫걸음을 뗄 수 있
었습니다. 그리고 이 노래는 세대를 넘어 지금도 몽골 사
람들이 좋아하는 애창곡으로 남아 있지요.

몽골 수도 울란바토르에 있는 국립역사박물관에서
형흐의 노래를 들을 수 있습니다. 형흐의 통기타도 전시
되어 있고요. 〈종이 울리네〉의 노랫말처럼 우리 모두가
깨어 있다면 우리의 민주주의 역시 언제든 잘 지키고 더

발전시킬 수 있을 거예요.

민주주의는 일상의 삶에서 증명됩니다. 민주주의 사회에서는 우리가 서로 아끼고 존중하는 마음이 아름다운 노래와 멋진 춤, 눈물 짓게 하는 소설과 흥미진진한 영화에 다양하게 담깁니다. 이런 문화를 즐기며 우리는 우리의 일상을 가능하게 하는 민주주의의 소중함을 깨닫습니다.

함께 들어봐요

김민기의 〈아침 이슬〉과 헝흐의 〈종이 울리네〉를 함께 비교해 가며 들어 보세요. 목소리나 분위기가 정말 닮았다는 걸 알 수 있답니다. 둘 모두 어두운 시대를 지나온 한국과 몽골의 시민들에게 위로와 힘을 주었어요.

김민기 〈아침 이슬〉
이 QR 코드로 들어가
노래를 들어 보세요.

헝흐 〈종이 울리네〉
이 QR 코드로 들어가
노래를 들어 보세요.

5

청소년이 만드는 민주주의

함께 이야기할수록
튼튼해지는 민주주의

지금까지 우리는 여러 나라 사람들의 이야기를 통해
민주주의의 다양한 모습을 살펴봤어요. 세계의 민주주의는
곳곳에서 위협받고 있지만, 사람들은 희망을 잃지 않고
다시 민주주의를 일구고 있어요. 이번 장에서는 10대인 우리가
어떻게 민주주의를 지키고 키워 나가야 하는지 알아볼 거예요.

> **"**
> # 아픈 과거를 기억하는 것은
> # 무엇보다 중요해요
> **"**

민주주의는 하루아침에 만들어지지 않아요. 지금까지 많은 시민의 노력과 희생을 통해 조금씩 발전해 왔답니다. 그리고 이 과정을 사회가 기억하는 것이 무엇보다 중요해요. 이것을 '기억 문화'라고 해요. 기억 문화는 공동체가 과거에 겪었던 일을 어떻게 다루고 평가하는지를 모두 아우르는 개념이에요.

　그런데 사람들의 기억은 저마다 조금씩 달라요. 그렇기 때문에 서로의 생각에 어떤 차이가 있는지 확인하고 조율하는 과정이 필요해요. 그러기 위해서는 과거의 일을 꼼꼼하게 성찰하는 자세가 중요하답니다.

기억 문화는 민주주의가 사회에 깊게 뿌리내리는 과정에서 무척 필요해요. 때로는 격한 논쟁을 벌일 수도 있지만, 모든 시민이 올바른 역사를 기억하고 합의하는 과정을 통해 민주주의를 성숙하게 만들지요. 이런 기억 문화를 가장 잘 발전시키고 있는 나라가 독일이에요.

독일은 제2차 세계 대전 당시 나치즘을 숭배하고 수백만 명의 유대인을 학살한 역사가 있어요. 잊고 싶은 부끄러운 일이지만, 독일인들은 자기 나라의 부끄러운 역사를 올바르게 기억하며 같은 실수를 반복하지 않기 위해 노력하고 있어요.

어떤 사람들은 언제까지 과거사에 매달릴 거냐고, 중요한 것은 현재와 미래가 아니냐고 외치기도 해요. 그러면서 과거사를 청산하고 미래로 나아가야 한다고 말해요. 그런데 '청산한다'는 말은 '서로 간에 채무·채권 관계를 셈하여 깨끗이 해결한다'는 사전적 의미를 갖고 있어요. 예를 들어, 회사를 청산하면 그 회사는 더 이상 존재하지 않게 되죠.

그래서 과거는 청산의 대상이 아니라, 성찰의 대상이랍니다. 과거의 흔적을 깨끗이 씻어 현재와 과거를 단절시킬 것이 아니라, 과거를 돌아봄으로써 우리의 현재를

더 잘 이해하는 것이 중요하니까요. 그 과거 때문에 지금도 괴로워하고 고통받는 사람들이 있는데, 충분한 성찰 없이 과거를 덮어 버리자고 주장하는 것은 무심하고 무책임한 행동이에요. 그런 사람들은 적어도 과거사에 대해 민주주의적 관점을 가졌다고 말하기 어려워요.

과거 안에는 언제나 긍정적 요소와 부정적 요소가 복잡하게 얽혀 있어요. 우리가 과거사를 갖고 논쟁하는 이유는 사람마다 무엇이 긍정적이고 부정적인지에 대한 견해가 다르기 때문이에요. 과거를 좋은 과거와 나쁜 과거로만 나누면, 사람들도 둘로 편을 갈라 다투게 돼요. 결국 사회적 에너지만 낭비하고, 우리는 정작 지난날 우리 사회 공동체가 겪었던 삶에 대해 충분히 성찰할 기회를 잃게 되지요.

과거는 현재의 세계를 만들었을 뿐만 아니라, 나와 우리라는 정체성을 만들며 이 순간에도 현실로 살아 있어요. 우리는 결코 과거 없이 존재할 수 없지요. 과거를 단순히 지나간 일로만 여기지 않고 재조명하는 것은 우리의 삶과 정체성, 그리고 우리 사회를 더 잘 이해하려는 노력의 일환이에요.

그렇다고 과거를 현재의 관점에서 함부로 재단하자

는 이야기는 아니에요. 오히려 전체주의 국가나 전쟁, 빈곤 같은 상황 때문에 소수에 의해 함부로 판단되었던 사건을 좁은 해석에서 풀어 주는 것이 필요해요.

과거를 다시 열면 그 안에서 숨죽이고 있던 이야기들이 세상 밖으로 나옵니다. 과거의 속박에서 풀린 사람들의 경험과 기억이 다양하게 펼쳐지는 것이죠. 그 이야기를 듣고 시민들이 스스로 판단하게끔 하는 것이 민주주의 사회에서는 무엇보다 중요하답니다.

그리고 다른 세대와 다른 배경의 사람들이 각자의 생각과 경험과 감정을 공유하기 시작할 때, 서로를 배척하고 싸워야 할 존재가 아니라 대화 상대로 인식하게 됩니다. 여러분도 근처의 역사 기념관을 찾아 우리나라의 역사를 새롭게 경험해 보고, 친구들과 함께 이야기를 나누어 보세요.

"
발레리안과 슈테판,
두 소년의 이야기
"

1941년 열여섯 살의 폴란드 소년 발레리안은 고향인 팔로에서 독일로 끌려왔습니다. 강제 노동에 동원된 거예요. 소년은 가족과 떨어진 채 겉으로는 평범해 보이는 브레멘의 독일 가족이 운영하는 농장에 배치되었습니다.

하지만 어리고 왜소한 체격의 발레리안이 농장에 도착하자 사람들은 실망했습니다. 일을 잘 못하는 말라깽이 소년을 마음에 들어 하지 않았던 거죠.

끌려온 지 5일째 되던 날, 발레리안은 도망을 쳤습니다. 하지만 곧 붙잡히고 말았죠. 그리고 며칠 후, 농장 뒤쪽 건물에서 작은 불이 났습니다. 농장주의 첫째 딸 루이

제는 불을 지른 범인으로 발레리안을 지목했어요. 결국
발레리안은 나치의 비밀경찰 게슈타포에 체포되어 집단
수용소로 끌려갔습니다. 그리고 9개월 남짓 수감 생활을
하다 1942년 8월 나치에 의해 처형을 당했습니다. 그의
나이 고작 열일곱 살이었어요.

교도관은 그가 처형되기 직전 이렇게 말했다고 기록
했습니다.

"제가 마흔 살 정도 되어서 죽어야 했다면 이렇게 나
쁘진 않았을 거예요. 하지만 이렇게 일찍 죽어야 하는 건
정말 너무해요. 제대로 살아 보지도 못했는걸요."

사형 집행 전날 가족에게 남긴 편지에 발레리안은 이
렇게 썼습니다.

"사랑하는 아빠 엄마, 저는 여기에다 마지막 말을 남
깁니다. 아빠 엄마에게 마지막으로 쓰는 글이에요. 저는
이제 집으로 돌아갈 수 없게 되었어요. 제게 어떤 심각한
일이 생겼거든요.

마지막 남은 이 시간에 아빠 엄마에게 작별 인사를
드려요. 아빠 엄마, 오래오래 사세요. 하느님, 아빠와 엄
마가 건강하게 살도록 도와주시길 기도드립니다. 이 마
지막 말을 하느님의 이름으로 적습니다. 잘 자요, 엄마,

아빠, 남동생 그리고 여동생아."

제2차 세계 대전에서 패한 뒤에도 독일은 한동안 나치의 잘못을 반성하지 않았습니다. 하지만 사회의 모순에 대항한 68 운동 이후, 과거사에 대한 성찰을 시작했어요. 독일 총리가 폴란드계 유대인 희생자 위령비에 참배하며 진정 어린 사과도 했지요.

1980년대 중반 발레리안의 이야기가 한 양심적인 독일 변호사에 의해 알려졌고, 1987년에는 발레리안이 끌려온 브레멘에 그를 추모하는 현판이 세워졌어요. 같은 해 서독 법원은 발레리안에게 내렸던 유죄 선고가 무효이며, 그의 죽음을 나치의 또 다른 범죄라고 판결했어요. 학교에서는 발레리안의 억울한 죽음을 수업으로 다루었고요.

그런데 이 이야기는 여기에서 끝나지 않아요. 이 수업을 들은 학생 중에 슈테판이라는 소년이 있었는데, 집으로 돌아간 슈테판에게서 그 이야기를 전해 들은 어머니가 말했습니다.

"너 혹시 그 이야기 속 루이제가 증조할머니라는 걸 아니?"

슈테판은 어릴 적 크리스마스 때마다 용돈을 주시곤

하던 증조할머니가 발레리안을 고발한 그 농장주의 딸이라는 걸 믿기 어려웠습니다.

그날 이후 어머니가 한 말이 슈테판의 기억에 선명하게 자리 잡았습니다. 아직 청소년이던 그에게 이미 세상을 떠난 증조할머니의 과거는 마주 바라보기 힘든 일이었어요. 어머니의 말을 상처 자국처럼 마음에 새긴 채 슈테판은 어른이 되었습니다.

증조할머니에 대한 기억이 되살아난 것은 슈테판이 베를린의 유대인과 무슬림 이웃 관련 사진 전시회를 준비하던 어느 날의 일이었습니다.

만나서 사진을 찍기로 한 헝가리 출신 활동가의 가족이 과거 나치에 의해 살해당했다는 얘기를 들은 겁니다. 그에게 자기 증조할머니의 이야기를 털어놓아야 할지 고민을 거듭하던 슈테판은 결국 그 약속을 취소해 버렸습니다. 홀로코스트 희생자의 가족을 마주할 자신이 없었던 거죠. 하지만 그는 그때부터 자기 가족의 나치 관련 자료를 찾아 나서기 시작했습니다.

슈테판은 증조할머니의 아버지, 그러니까 고조할아버지가 나치 당원이었다는 사실을 알게 되었습니다. 그리고 증조할머니가 웃고 있는 모습 뒤로 나치 깃발이 나부

끼는 사진을 찾아내기도 했습니다. 이런 사진들을 근거로 그는 희생자와 가해자가 누구였는지를 섬세하게 추적하는 전시회를 열기로 결심했습니다.

슈테판의 사진 전시회가 열린 곳은 나치 강제 노동의 전모를 다루는 역사 박물관 '나치 강제노역문서센터'였습니다. 제2차 세계 대전 당시 강제 징용된 민간인들이 노동 현장에서 돌아와 눈을 붙이던 집단 거주 막사로 쓰인 곳이죠.

이 역사 박물관에서는 강제 노역 문제의 국제적 해결이 희생자에 대한 경제적 배상만으로 마무리될 수 없다는 생각을 엿볼 수 있습니다. 이곳에서는 또한 제2차 세계 대전 당시 나치 독일의 점령지였던 폴란드, 우크라이나, 헝가리, 프랑스 등을 포함한 전 세계 청소년들이 독일 청소년들과 교류하는 교육 프로그램을 매우 활발하게 진행하고 있어요.

과거 그리고 이웃 국가와의 진정한 화해는 결국 시민이 주도해야만 가능합니다. 그리고 전쟁과 폭력 속에서 빼앗겼던 인권과 존엄을 회복하기 위해서는 시민이 그 회복의 주체가 되어야 합니다.

발레리안과 슈테판의 이야기를 읽으며 여러분은 어

떤 생각이 들었나요? 만약 슈테판이 진실을 외면했다면 발레리안의 고통은 과거 속에 그냥 묻혀 있었겠지요. 그리고 그 시절 독일 사회에 팽배했던 집단 최면 같은 광기가 얼마나 강력했는지도 알 수 없었을 거예요. 하지만 슈테판은 망설이면서도 진실을 이야기하는 용기를 냈어요. 슈테판의 이러한 고백은 나치 과거사에 대한 또 다른 사과이며 반성이에요.

일제 강점기 시절 우리나라에서도 많은 사람이 강제 노역에 희생되었습니다. 하지만 아직까지 피해 보상이 제대로 이루어지지 않고 있는 실정이에요. 가해자들에게 제대로 된 사과도 받지 못했고요. 이런 상황에서 우리는 어떻게 행동해야 할까요?

여러분도 이런 질문을 한번 던져 보세요. 무엇보다 우리 어른들이 한국과 일본의 10대 청소년이 함께 이야기 나눌 수 있는 자리를 만들어야 할 것 같습니다.

" 민주주의는 무기로 지킬 수 없어요 "

민주주의는 무장한 군대가 지켜 줄 수 없어요. 눈에 보이는 것이 민주주의의 전부는 아니기 때문이죠. 시민들이 무기를 들고 독재 정권을 무너뜨렸다 해도 그 이후 민주주의를 실천하지 못한다면 또 다른 갈등을 초래할 가능성이 높습니다. 권위주의적 국가에서는 겉으로는 민주주의 제도를 도입한 것처럼 보여도 실제로는 민주주의를 핍박하는 경우가 많지요.

이렇게 권위주의적인 사회가 되지 않으려면 무엇보다 개개인이 민주주의를 아끼고 지키며 실천해 나가는 것이 중요해요. 이런 과정을 통해 민주주의는 더욱 강해

집니다. 그렇다면 민주주의를 실천하기 위해 우리는 어떻게 해야 할까요?

민주주의를 지키기 위해서는 무엇보다 민주주의가 무엇인지 잘 알아야 해요. 그 가장 좋은 스승은 바로 사람들이 일구어 낸 민주주의 역사예요. 여러분은 앞 장들에서 여러 사람의 이야기를 읽었어요. 그 각각의 이야기에서 사람들은 민주주의를 위해 갖가지 노력을 기울였어요. 빼앗긴 민주주의를 되찾기 위해 지금도 애쓰고 있고요. 이들의 노력을 되새겨 보면서 민주주의를 어떻게 지켜야 할지 함께 이야기해 보세요.

그리고 우리 사회가 이루어 낸 민주화의 값진 경험을 돌아보는 것도 중요해요. 여러분이 지금까지 읽은 이야기들은 우리나라가 겪은 민주화 역사와 비슷한 점이 많아요. 우리 역시 이들과 같은 과정을 겪으며 민주주의 사회를 만들었죠. 민주 시민이 되기 위해서는 과거의 이야기에서 잘못된 모습을 살펴보는 것도 중요합니다. 그래야 같은 잘못을 반복하지 않을 테니까요.

인권도 마찬가지입니다. 인권은 일상에 자연스럽게 녹아들 때 비로소 실현된다고 할 수 있어요. 그렇다 보니 인권 침해를 받지 않는 사람은 실제로 인권 침해가 일어나는 걸 느낄 수 없어요. 하지만 내가 불편을 겪지 않는 다고 인권 문제가 없는 것일까요?

장애인의 지하철 시위 때문에 약속 시간에 늦었다고 화를 내기보다, 그렇게 하지 않으면 목소리조차 낼 수 없는 사람들의 현실을 생각해 보세요. 인권은 내가 아닌 다른 사람의 처지에서 차별과 소외에 대해 구체적으로 생각하고 토론할 때 지켜 낼 수 있습니다. 그런 사람들의 이야기를 조사하고, 그들이 맞닥뜨린 문제를 어떻게 해결해 나가야 할지 토론해 보세요. 그리고 내가 할 수 있는 작은 일부터 시작해 보세요.

마지막으로 민주주의를 지키기 위해서는 우리나라뿐만 아니라 세계의 민주주의가 지금 어떻게 위협받고 있는지 알아야 해요. 오늘날의 세계는 모두 하나로 연결되어 있다고 해도 과언이 아니에요. 어느 한 지역의 민주주의가 위기에 처하면 우리 모두에게 경고 신호가 오지요. 이 신호를 무시해서는 안 돼요. 함께 전쟁 반대를 외치고, 무고한 시민이 희생당하는 일에 목소리를 높여야 해요. 우리는 모두 세계 시민이라는 마음으로 서로의 민주주의를 지켜 주어야 합니다.

민주적 토론을 위한
세 가지 원칙을 소개해요

민주주의는 토론을 통해 성장해요. 각자 다른 생각을 가지고 있어도 토론을 하면 서로의 차이를 이해할 수 있고, 함께하는 방법을 모색할 수 있기 때문이에요. 민주적 토론을 위해서는 올바른 방법을 배우는 것도 중요하답니다.

한 친구가 발표를 하는데 "그건 아니야!" "네가 틀렸어!" 하는 식으로 말하는 건 옳지 않아요. 힘센 친구가 힘이 약한 친구의 발표를 막아 버리는 것도 문제죠.

민주적 토론을 위해서는 세 가지 원칙을 지켜야 해요.

첫째, 잘 들어야해요. 친구들의 의견을 존중하고 충분히 이야기할 수 있는 시간을 주어야 해요. 말을 더듬거나 부끄러워서 아주 작게 말하는 친구한테도 자신의 생각을 충분히 이야기할 수 있도록 기다려 주거나, 온라인 등 다른 의견 표현 방식도 생각해 보세요. 그래야 민주적인 토론이 되겠지요?

친구의 의견을 비웃거나 비꼬아서는 안 돼요. 이런 태도의 이면을 들여다보면 정확한 근거나 정보도 없이 그저 상대방을 기분 나쁘게 만들려는 의도가 있거든요. 민주주의는 다수결 원칙을 기반으로 삼지만, 소수의 의견도 존중하며 그 안에서 가장 좋은 결론을 내는 과정이 반드시 필요하다는 걸 잊지 마세요.

둘째, 잘 말해야 해요. 자신의 논리를 뒷받침할 수 있는 자료를 충분히 갖춰야 해요. 어떤 문제에 대해 토론할 때는 왜 찬성하고, 왜 반대하는지를 진지하게 고민하는 것이 필요해요.

단순히 찬성 또는 반대 의견을 내는 데서 그칠 게 아니라, 대안을 제시하는 것도 필요해요. 그것이 실현 가능한지 여부를 토론하면서 우리는 보다 발전된 실천 방법을 찾아낼 수 있지요. 상대편을 말로 싸워서 이겨야 할 상대가 아니라, 같은 공간에서 함께 살아가는 동료로 인정해야 발전적인 토론을 할 수 있어요.

셋째, 진심으로 토론해야 해요. 토론 주제가 나에게 실제로 어떤 영향을 미칠지 생각해야 해요. '이건 수업 시간에 하는 토론이니까 나의 현재 삶과는 아무 상관도 없어.' 이렇게 생각해서는 안 된다는 뜻이에요. 우리가 토론을 하는 이유는 나의 생각을 좀 더 풍성하게 만들어 실제 내 삶의 방향을 정하는 데 도움을 얻기 위해서예요. 막연한 동정심이나 선의에 기대는 것이 아니라, 주체적으로 고민하면서 토론하는 자세가 중요해요. 우리는 좀 더 나은 사람이 되어야 하고, 그러기 위해 가장 좋은 방법은 건전한 토론을 통해 성장하는 거예요.

우리 사회에 이런 청소년이 많아질수록 우리의 민주주의도 더 성숙해질 거예요.

우리는 무엇을 할 수 있을까요?

날마다 슬프고도 무서운 소식이 들립니다. 세계 곳곳에서 민주주의와 인권이 위협받고 있습니다. 전쟁과 기아, 차별과 혐오에 고통받는 신음 소리가 귓가에 들리는 것만 같습니다. 그들이 무엇 때문에 그런 수난을 겪는지 이해하기도 힘듭니다. 뉴스를 따라가기에도 벅찰 정도입니다. 그래서 혼잣말처럼 되뇌곤 합니다.

"우리는 무엇을 할 수 있을까?"

더 이상 국제 뉴스를 못 보겠다는 사람도 많습니다. 물론 고통받는 사람들의 아픔에 무심하기 때문에 그런 생각을 하는 건 아닐 거예요. 세계 곳곳의 민주주의가 위기에 처했다고 하는데, 정작 우리 사회의 문제도 다 해결하지 못한 상황을 안타까워하는 것이겠지요. 다른 나라의 사정에 관심을 돌릴 여유가 없는 것인지도 몰라요. 우리가 걱정한다고 해결될 일도 아닌 것 같고요.

하지만 그렇다고 해서 체념하거나 외면해서는 결코 안 됩니다. 앞에서도 얘기했듯 전 세계는 서로 긴밀하게 연결되어 있기 때문이에요. 한 나라의 문제는 바로 그 옆 나라뿐만 아니라 전 세계에 영향을 미치죠.

가령 이스라엘과 팔레스타인의 전쟁은 그 지역만의 문제가 아니에요. 전 세계의 안전을 위협하기 때문에 많은 사람이 그 전쟁을 강력하게 반대하는 거예요. 전쟁은 사람들이 살아가기 위한 경제적 토대를 파괴하고, 환경과 자연을 훼손해요. 그 여파는 우리 모두에게 닥치죠. 그래서 세계의 민주주의를 지키는 것은 남의 일이 아니라, 나의 일이라고 말하는 거예요.

저는 그동안 민주주의가 위협받고 인권이 짓밟힌 곳에서 평범한 시민의 삶을 빼앗긴 채 난민으로 떠도는 이들을 많이 만났어요. 그중에는 난민 캠프에서 태어나고 자란 청소년들도 있었어요. 그리고 폐허에서 맨손으로 집과 학교를 세우고 공동체를 복원해 민주주의적 삶을 꿈꾸는 사람들도 만났죠. 그 사람들의 목소리를 여러분께 전달하고 싶었어요.

제가 찾아간 곳에서 사람들은 저마다의 방식으로 열심히 살아가고 있었어요. 각자의 언어와 종교, 음식과 습관이 다른 만큼 나름의 민주주의를 지켜 내기 위해 씨름하고 있는 문제도 다채로웠습니다. 그들과 이야기를 나누면서 저는 과거와 현재 그리고 미래에서 우리가 찾아야 할 민주주의의 모습을 발견할 수 있었어요. 전 세계의 민주주의는 언제나 현재진행형이라는 사실도 깨달았고요.

그리고 세상에는 나쁜 일뿐만 아니라 좋은 일도 참 많다는 걸 알았어요. 전쟁과 폭력, 어리석음과 증오로 가득한 곳에서도 더 나은 삶을 위해 애쓰는 사람들이 있었어요.

행복하고 싶은 마음, 자유롭게 생각하고 마음껏 살고 싶은 의지가 그들을 다시 일으켜 세웠어요. 그들에게 어설픈 위로는 필요 없었어요. 오히려 그들을 도우려면 무엇보다 우리부터 믿음과 여유를 가져야 한다는 걸 깨달았죠.

여기서 부끄러운 고백을 하나 할게요. 저는 식민주의나 난민 정책 관련해 몇 가지 작은 일을 하고 있지만, 아프리카에 대해서는 제대로 아는 게 없었어요. 유럽의 제국주의 국가들이 아프리카를 침탈해 그들의 수많은 말과 전통을 거의 전멸시켰는데도 말이에요.

그런데 이번에 책을 쓰면서 새로 배우고 또 놀랐어요. 예를 들어, 아프리카 서쪽 해안에 있는 나라 세네갈은 1960년에 독립한 후 여태 한 번도 쿠데타나 독재를 겪지 않고 민주주의를 지켜 가고 있습니다. 내륙 국가인 보츠와나의 민주주의 지수는 식민지 가해국이던 유럽의 이탈리아(34위)나 벨기에(36위)보다 높은 33위를 기록했고요. 동쪽 인도양의 섬나라 모리셔스는 2023년 한국보다도 높은 민주주의 지수를 달성했어요. 모리셔스는 8.14점으로 20위, 대한민국은 8.09점으로 22위예요.

놀랍지요? 저는 궁금해졌어요. 누가 이런 기적을 만들어 낸 것일까요? 말도, 역사도, 사람도, 자원도 약탈당한 곳에서 어떻게 체념에 빠지지 않고 이런 변화를 일구어 냈을까요?

제가 정말 하고 싶은 말은 이거예요. 알려고 하지 않았다면 이 같은 희망적인 소식을 내내 모른 채 지냈을 거라는 말이죠. 요즘 저는 아프리카와 중앙아메리카, 남아메리카의 친구들을 만나며 식민주의와 기후 위기가 민주주의에 끼치는 영향을 실감하고 있어요. 알려 하지 않았다면 이들과 함께 고민하거나 기뻐할 수 없었겠지요.

권위주의와 독재 정치가 이웃 나라에 전염되는 것처럼 민주주의는 주변 나라에 선한 영향력을 끼쳐요. 그렇다면 한국의 민주주의는 이웃 나라들에 어떤 영향을 미치고 있을까요? 우리는 서로에게 무엇을 배우고 어떤 도움을 줄 수 있을까요?

이 질문들을 좌표 삼아 써 내려간 이 책의 한 페이지 한 페이지는 가혹한 현실 속에서도 희망을 일구며 살아가는 이들을 찾아간 여행기이기도 해요. 그 여정에 함께해 준 여러분께 고맙다는 인사를 전하고 싶어요. 그리고 무엇보다 이 책을 통해 만난 우리의 만남이 참으로 소중하다고 생각해요. 앞으로도 서로의 마음과 생각을 이야기하고 나누면 좋겠어요. 때로는 갈등하고 다투겠지만, 우리 사이의 다름을 거울삼아 서로로부터 배우며 우리는 더 성숙한 민주주의 시민으로 자라날 거예요. 우리가 노력하는 바로 그만큼 우리 민주주의가 뿌리를 내리겠지요. 그 길에 온 세상이 함께하고 있답니다. 그래서 '세계의 민주주의'는 지금 우리가 쓰는 우리의 이야기입니다.

《10대가 꼭 알아야 할 세계의 민주주의》는 우리의 이야기입니다. 우리는 모든 것과 이어져 있기 때문입니다. 우크라이나 난민을 이웃으로 맞아 더불어 살아가는 독일 시민들, 세상에서 잊힌 난민촌에서 학교를 짓고 공동체를 꾸리며 바깥세상을 꿈꾸는 미얀마 청년들, 인권 탄압에 맞서 거리와 학교에서 '여성·삶·자유'를 외치는 이란 사람들, 난민으로 온 타국에서 새로 온 난민의 정착을 도우며 스스로의 상처를 치유하는 시리아 여성, 모두 도시로 떠날 때 고향의 공동체를 지킨 몽골 유목민 청년, 가족과 관련된 과거사로 번민하면서도 양심을 외면하지 못하던 어느 독일 청년…. 중요한 것은 나와 너가 아니라 우리, 자연과 인간 및 생태계가 모두 하나라는 마음입니다. 민주주의란 그렇게 연결된 '우리'가 매일 맺고 지켜 가야 할 사회적 우애의 가치가 아닐까요? 청소년과 기성세대가 함께 읽기를 권합니다.

강우일 주교
(한베평화재단 이사장, 전 천주교 제주교구장, 전 가톨릭대학교 총장)

저자는 우크라이나에서 미얀마로, 시리아, 아프가니스탄, 이란과 몽골을 거쳐 폴란드와 독일로 이어지는 민주주의 및 인권의 얼굴을 그리고 있습니다. 전쟁과 기후 생태 위기 속에서 사람들은 난민이 되어 고향과 가족, 자신의 꿈과 강제로 이별해야 했습니다. 하지만 저자가 만난 이들은 그 폐허 위에서 다시 아름다운 공동체를 짓고 있었습니다. 보다 차별 없고 지속 가능한 사회를 만들고자 애쓰고 있었습니다. 자신의 힘으로 나아가고 있는 이들의 작은 발걸음 속에 민주주의가 살아 숨 쉬고 있습니다. 《10대가 꼭 알아야 할 세계의 민주주의》는 이 험한 시대에도 연대와 행동으로 희망의 촛불을 밝힐 수 있음을 알려 줍니다. 이론과 현장을 아우르는 국제 민주주의 연구자가 청소년 독자에게 보내는 수정처럼 아름다운 선물입니다.

조효제
(성공회대 명예교수, 한국인권학회장 역임)

차별과 배제의 언어가 지배하는 인터넷 창을 잠시 닫고 민주주의와 인권 그리고 난민의 생생한 이야기에 귀 기울여 보세요. 민주주의는 인류 역사에서 가장 오래된 이념 중 하나지만, 세계는 여전히 민주주의를 위해 싸우고 있습니다. 이 책은 세계 곳곳에서 벌어지고 있는 민주주의의 현주소를 생생하게 보여 주면서, 전쟁과 갈등을 막고 평화를 지향하는 민주주의의 실천적 기능을 알기 쉽게 설명해 주고 있습니다. 현학적 이론을 늘어놓는 대신, 현재 진행 중인 사례를 통해 민주주의가 무엇인지 보여 주고 있다는 점이 인상적인 책입니다. 저자는 이 책을 통해 청소년들에게 민주주의를 왜 지켜야 하는지 묻고, 함께 토론하고 실천하자고 호소하고 있습니다. 그 간절한 외침에 청소년 독자들이 응답하기를 기원해 봅니다.

홍성수
(숙명여자대학교 법학부 교수, 《말이 칼이 될 때》 저자)

민주화운동기념관

이 책은 민주화운동기념사업회의 저작 지원을 받아 만들었습니다.

10대가 꼭 알아야 할	펴낸이	황윤정
세계의 민주주의	펴낸곳	이은북
	출판등록	2015년 12월 14일 제2015-000363호
이진 지음	주소	서울 마포구 동교로12안길 16, 삼성빌딩 B 4층
홍지흔 그림	전화	02-338-1201
	팩스	02-338-1401
	이메일	book@eeuncontents.com
2024년 12월 16일	홈페이지	www.eeuncontents.com
초판 1쇄 인쇄	인스타그램	@eeunbook
2025년 1월 20일	기획	민주화운동기념사업회
초판 1쇄 발행	책임편집	하준현
	디자인	lee.ree.
	제작영업	황세정
	마케팅	이은콘텐츠
	인쇄	스크린그래픽

© 이진·홍지흔, 2025

ISBN   979-11-91053-47-0 (43300)